Identidad

Aquello que nos define es lo que nos identifica; todo tiene una definición, todo se comunica, todo es identidad.

Un barco siempre será un barco aunque constantemente se le estén reponiendo piezas; sin embargo, si el barco en algún momento todas sus piezas originales fueron restauradas por otras, ¿podemos decir que el barco restaurado es y ha sido siempre el mismo? Sin embargo, la esencia de ese barco será la misma, porque como barco, jamás dejará de existir.

Dedicatoria

A todos aquellos que a lo largo del tiempo han estado presentes de una u otra forma en mi vida. Gracias

Indice

Prologo 13

Estado de propiedad **17**

El proceso de la identidad 19

Identidad, libertad e independencia 19

Desprendimiento de la individualidad 21

Amor, querer y pensar 25

Decidir y elegir, dos términos distintos 27

La pérdida de identidad y la manipulación 29

Desprendiéndose de la identidad 31

La negación. 31

Cuatro elementos básicos que fortalecen nuestra identidad 37

El deseo y estados de identidad 39

La manipulación del deseo 39

La neutralidad del universo 49

El efecto de no querer y recibir lo contrario a no querer 49

El detalle de ceder lo que no se quiere, aunque se tenga 50

Realidad contra verdad 51

La continuidad establece la unidad. 52

La importancia de dejar una marca o huella de Identidad 53

La identidad asociada al concepto de su pasado. ... 54

Modelo de trascendencia basado en la continuidad y la existencia de su pasado 56

La conjetura de la amplitud y restricción 59

Las posibilidades 61

Sobre los rangos de posibilidad y la seguridad asociada a estos 63

A todos nos gusta ejercer nuestra libertad. 66

El concepto del beneficio potencial 67

Descripción de un ejemplo: Un paseo por una plaza: 68

Diversidad contra estandarización 69

lo homogeneo vs lo heterogeneo 73

La amplitud 79

cuando el exceso deja de ser placentero 79

El engaño de lo ilimitado, el exceso de riquezas, las opciones ilimitadas 80

El concepto de deuda 85

La ilusión de lo ilimitado 89

Sobre los ideales 89

el vicio: una condición inversa de las cosas 91

El truco de la utilidad, y el placer 92

¿Podemos poseer todo lo que deseamos? 95

Los recursos están para usarse y aprovechar su disponibilidad. 99

El principio de la acción añadida al objeto o recurso 103

El concepto de trabajar para las cosas 107

La conversión hacia el egoismo 107

El engaño de la riqueza excesiva, un vicio como cualquier otro 115

Elementos asociados a la identidad 119

Los códigos 121

reglas 123

Disciplina 125

la intención y el conocimiento asociado 127

El horizonte establecido 129

la utilidad 131

La otra necesidad de la utilidad: la mejora continua 134

Sobre el Trabajo 137

El origen y la razón de trabajar 139

La esencia detrás del trabajo. 143

EL CONCEPTO DEL EQUILIBRIO 145

La deuda, base del modelo del trabajo y lo que une.. 149

todo 149

Porque son importantes los objetivos 151

Sobre los objetivos empresariales y los individuales ... 151

El concepto de la integración 155

LA INTEGRACIÓN SUJETA A LA RECIPROCIDAD 155

Estado de valor 159

Valor asociado a compartir beneficios y el estado de pertenencia 159

El proceso de equilibrio expansivo: 163

Al compartir beneficios de expande el sistema 163

No toda estructura permite un crecimiento equilibrado y homogenizado 167

El concepto de ceder 171

El peligro de ceder la individualidad por falta de dirección 171

Jeemlesa @gmail.com 179

PROLOGO

Identidad es sinónimo de existencia, es lo que nos permite comunicarnos; aquel que se dice desprender de su identidad, o se dice que se identifica con algo diferente a lo que por naturaleza es , se esta desaprendiendo de aquel beneficio que por derecho se tiene solo por existir, así de valiosa y poderosa es la identidad; sin ella nada somos, con ella todo poseemos

Decir que la identidad es solo aquello que permite describir quienes somos queda a deber: la identidad es la base, la esencia que permite que todo funcione en el universo.

Quien no logra entender el concepto de la identidad se expone a múltiples trampas, engaños, y a la manipulación; entender quiénes somos nos fortalece y permite tomar mejores decisiones.

La identidad lo es todo, es la clave que define la existencia del universo. Desde el punto de vista humano, seria imposible deslinddar el termino que relaciona la

identidad con todo lo que nos rodea: el trabajo, la cultura, la sociedad, patrones de comportamiento propios del individuo; es decir, en este libro, a titulo personal, expongo, que es eso que podemos llamar identidad mas allá de la definición de diferenciación. Tal pareciese que la identidad es una esencia, que al igual que el Amor y el Tiempo, son elementos indispensables en la relojeria del universo.

Este escrito esta redactado a manera de ctritica, una critica basada en la condicion. Defino ejemplos de maneras en las que un individiuo, al practicar una determinada forma de ser, se describa el modelo que le exponga precisamente hacia algo correcto o incorrecto bajo la perspectiva de la identidad.

La identidad es una condicion de estado neutra, no sujeta a subjetividades; al ser neutro el concepto, no da cabida a tener roces con posturas, como el que algo sea bueno o malo, correcto o incorrecto. Considero que la mejor manera en la actualidad de entender el concepto asociado a la identidad, parte de poder analizar los los errores que uno comete porque, curiosamente, muchos de estos, se asocian precisamente a estados de interpretaciones diversos de la identidad misma, lo que da cabida a muchas subjetividades.

Estado de propiedad

Quien no logra entender el concepto de la identidad, se expone a múltiples trampas, engaños, y a la manipulación; entender quiénes somos nos fortalece y permite tomar mejores decisiones.

EL PROCESO DE LA IDENTIDAD

IDENTIDAD, LIBERTAD E INDEPENDENCIA

Nuestra individualidad está definida por la identidad, libertad e independencia.

La identidad define, la individualidad es aquello que nos diferencia o distingue de los demás, y la libertad es el poder de tomar decisiones.

Técnicamente todo en el universo existente tiene una identidad, sea objeto u elemento vivo o no vivo, elemento físico o no físico; después es necesario entender que todo tiene un valor.

Lo que es uno (identidad), es la credencial que dice al exterior quien esta tomando tal acción o decisión. Aquello que no se identifica ante los demás, no puede interactuar, porque la identidad misma es la base de la existencia.

DESPRENDIMIENTO DE LA INDIVIDUALIDAD

¿Porque hay actualmente individuos que pretenden decidir perder su identidad por voluntad), e interactúan con aparente normalidad entre la sociedad?. (cuando las personas niegan su género, están despejándose de su identidad.

En relación a lo anterior entonces tenemos que existe un desprendimiento de la individualidad, es decir, lo que le da el valor como individuo; esto hace que se convierta en lo que podría denominarse un objeto viviente que sigue el curso o patrón de las cosas por inercia.

¿ Como podríamos entonces justificar amar, querer, pensar y tener emociones si nos consideramos un objeto?; ¿ porque hemos de ser objetos, cuando un objeto se considera que no piensa, no decide, no actúa, y no ama?

Si bien es cierto que el amar, tener emociones, y pensar son elementos asociados a nuestro ser como elementos vivientes, no parece ser que estos elementos como tal sean propios de quien los posee. De manera que quien tiene o posee estos elementos, es cierto que se tiene autoridad sobre ellos, pero no significa que sean elementos propios del ser, sino elementos asociados a el.

Imaginar que se compra un vaso (y por lo tanto se posee); este vaso será único y exclusivo de uno, por lo que nadie más lo podrá poseer (no hay dos vasos iguales). Sin embargo tenemos que existen muchos vasos (cuya esencia es la misma en todos y provienen de la misma fuente), y todos los individuos por igual tendrán derecho a tener su vaso solo por existir . Tenemos por lo tanto que el vaso no es atribuido a una condición particular del individuo.

Después podemos ver que el vaso que poseamos tiene varios destinos :

a) Si uno en la vida lo rompe, o este se pierde, quizá tal vez podríamos conseguir otro. Los elementos del vaso roto luego

b) tendrán a ser reciclado y volverá mas adelante a tomar su forma como tal.

c) Si uno muere, el vaso sigue y tiende a volver a ser de nadie, hasta que nuevamente sea adquirido por otra persona, que en su "individualidad" ejerza en el, el uso mas adecuado a su razonamiento.

El vaso vendría a ser como un elemento que necesitamos en nuestra vida, es prestado, y se integra a nuestra individualidad; integrado en el individuo representa una razón de uso y ser: por lo tanto vemos que nuestra individualidad asociada a la libertad le identidad, se apoya en otros elementos; en el caso del ejemplo, el vaso podríamos asociarlo como analogía del amor, el pensamiento y las emociones; por lo tanto estos tres elementos antes mencionados, no forman parte de nuestra individualidad e identidad como seres humanos, sino que serian elementos asociados que se integran al ser y son parte de el mientras exista; de manera que al ser así, definirían el proceso mismo del desarrollo de la identidad.

Se tiene por lo tanto que podemos perder la libertad, identidad e individualidad aunque pensemos y tengamos emociones; esto porque el querer, pensar y tener emociones, son elementos que se atribuyeron al ser en el momento de existir, junto a su individualidad; el perder la individualidad no significa por lo tanto perder la capacidad de pensar, amar etc, porque estos están asociados al modelo de la vida; por lo tanto al perder la individualidad lo que haría al ser es convertirlo en una especie de un objeto viviente que sigue el curso o patrón de las cosas por inercia.

Si perdemos nuestra identidad damos cabida a que ciertos elementos como nuestros pensamientos y sentimientos, aunque los poseamos, usemos o se sientan, no serán propiedad precisamente de quien los tenga; seguirán presente, porque estos elementos se integraron a la existencia misma del ser desde el momento en que se creo; pero cualquier elemento con autoridad propia podría tomarse el derecho de tomar como suyos tales cualidades aunque uno mismo se diga tenerlas.

AMOR, QUERER Y PENSAR

Se dice que las personas viven porque existe una energía que las sostiene y las mantiene; esta energía suele asociarse al Amor, pero si una persona pierde su identidad, ¿ como puede seguir amando, si no hay una identidad en si?.

Sucede que una cosa es amar y otra querer; el Amor puede desaparecer, pero la tendencia a querer no. Pero, si el Amor es la fuente que sostiene la vida ¿ como se podría vivir sin la fuente de energía que es el Amor?.

Todo ser vivo necesita energía para vivir y mantenerse, esta generalmente se obtiene de los alimentos. Cuando nos alimentamos, obtenemos energía y podemos seguir nuestras actividades. Esta energía por lo tanto la obtenemos de alguna fuente externa: las plantas obtienen la energía básicamente del Sol, y los animales de las plantas.

Podemos definir al Amor, como una fuente de energía más elevada, que complementa nuestro estado de mantenimiento básico como seres vivos, y nos impulsa a un extra, es decir, es una fuente de energía que se conecta con nuestra individualidad e identidad.

Amamos porque tenemos identidad e individualidad, y viceversa; pero si se pierde o el Amor o la individualidad, nos convertirnos solo en seres pensantes, que podemos tener emociones, y querer , sí, pero este ultimo del verbo o acción de querer, de poseer; no de amar precisamente; se puede seguir vivo, porque de lo que se desconectaría el ser seria de la fuente de energía asociada al Amor, no de aquella que mantiene al ser; es decir, podríamos decir que la energía básica de mantenimiento y existencia es la basada en la existencia de un estado inercial.

Cuando se afirma que por perder la identidad se tiende a perder la libertad, ¿ porque aun vemos que podemos seguir tomando decisiones, cuando en teoría la perdida de libertad también nos impediría decidir?

DECIDIR Y ELEGIR, DOS TÉRMINOS DISTINTOS

Se puede perder la capacidad de elegir, no de decidir. La elección esta basada en la identidad individual. Elegir supone valorar diferentes posibilidades en base a una autoevaluación constate interna, en cambio, decidir solo confirma; si se puede elegir se confirma la elección. ¿ Como se puede decidir si antes no se hizo una elección?

Si a uno se le ponen un conjunto de 5 helados para que decida cual comprar, antes de decidir podría elegir, es decir, cuestionarse internamente:

a) Ver primero que tanta hambre se tiene

b) Determinar el estado de animo, (ya que los estados de animo tienden a influir sobre los gustos)

c) Podría ver si quiere algo que brinde sensación de energía rápida (como el chocolate), o placer prolongado, (hay sabores que se quedan en el gusto por mas tiempo que otros)

En base por ejemplo a estas tres autoevaluaciones, se decide.
Pero si solo fuese el decidir que helado tomar, da igual el hambre, el gusto en el momento, o estado de animo; solo se toma la acción de tomar un helado y se hace al azar.

Vemos por lo tanto que la acción de decidir solo por decidir esta relacionada a un acto o estado de inercia, en la mayoría de los casos al azar, dando igual la condición elegida; y se decide en base a un estímulo.
Por lo tanto, en una perdida de identidad y libertad reducida al mínimo, las elecciones estarían reducidas también a lo mínimo, y se tendrían a tomar decisiones condicionadas a estados inerciales, a estados sin importancia.

Un chef, que constantemente tiene que hacer evaluaciones de las comidas y experimentar para crear nuevos platillos, ¿ podrían crear nuevas recetas si no se tuviera la libertad de experimentar y elegir siempre cosas nuevas?

LA PÉRDIDA DE IDENTIDAD Y LA MANIPULACIÓN

Cuando dejamos de poseer la identidad, nos acercamos mas a convertirnos en un ser que simplemente existe dependiente del entorno y exterior.

Esto nos reduce a casi la existencia de un ser o elemento que esta allí, en espera de ser tomado, incorporado, o guiado por cualquier elemento externo; es decir, cualquiera puede tomar el derecho de ejercer su influencia sobre quien ha perdido su identidad, sin reparo alguno en afectación a su conciencia.

Así como cuando nuestras defensas bajan y somos atacados por multitud de microorganismos presentes en el medio (que no se ven), también suele suceder estados similares cuando cedemos o perdemos nuestra identidad y libertad: nos exponemos a ser objeto de atentado contra todo lo que en el ambiente se encuentre, sea físico o no físico, sea visible o no; y es de suponer que aquello trate de intervenir en uno, y ha de querer que la manera de ser sobre quien estaría tratando de interferir, sigua patrones de conducta impuestos por el.

Una persona que ha perdido su identidad , es casi seguro que su libertad se reduzca, y por lo tanto tendera por inercia propia de las circunstancias, a verse arrastrado a seguir un patrón de conducta enfocado a ser seguidor; a ser un defensor de los ideales y conductas sobre su manipulador o quien ejerce influencia sobre el, o simplemente ser seguidor de alguien que ejerce una condición de autoridad o mando.

Como individuos , nuestra identidad y libertad es como si fueran una armadura de protección contra intrusos que tratan de molestar. Una armadura débil servirá para defenderse poco, por lo que se ha de ser prudente de no exponerse; una armadura fuerte permite defendernos mejor y repeler condiciones de ataque externo.

DESPRENDIÉNDOSE DE LA IDENTIDAD

LA NEGACIÓN.

El proceso de negar va mas allá de no aceptar algo.

Negar y rechazar no es lo mismo, si algo nos es perjudicial se tiende a rechazar: cuando se es alérgico hacia algún alimento se tiende a rechazar tal alimento, no se niega el alimento, se rechaza. Negar esta asociado a la no aceptación de algo; por lo tanto rechazar algo es diferente a negar algo; sucede que en el negar llega a estar implícito el rechazar, porque el que niega rechaza a la vez, pero no podría ocurrir al estado contrario.

Podemos rechazar una religión, decidiendo pasar de una a otra, pero en el proceso no estamos negando la "religión", solamente pasando de un estado religioso a otro.

Negar por lo tanto seria mas un proceso asociado a la separación, o desprendimiento de algo que ya no se acepta o considera verdadero. Si uno como persona se niega asi mismo, sucede a su vez que esta ejerciendo un rechazo de pertenencia hacia la raza humana y su propio genero, ¿ de que se estará desprendiendo realmente, porque de algo precisamente se ha de desprender?.

Si podemos decir que lo que define a una persona es su estado físico biológico, su espíritu, moral, su alma, y una persona se niega (pretendiendo creer que es la reencarnación de un animal o algo en el cuerpo humano, o negando su identidad sexual), podemos ver sin embargo que parece que sigue integro como ser humano físico; entonces: ¿qué estaría negando, porque aunque se niegue como persona, puede verse que se sigue viendo igual a como es; ¿ no podría ser que quizá se este desprendiendo de aquello que no vemos y de lo cual de alguna u otra forma atribuimos hacia aquello que es lo que nos complementa? (el alma, el espíritu, o quizá la moral)

Uno no puede simplemente estar negando las cosas por negarlas, porque hay problemas. Cuando uno tiene un trabajo y le cae mal al jefe directo, generalmente se tiende a rechazar al jefe; pero cuando uno cae en el acto de no tenerle respeto al jefe, ¿ que significa este acto?.

Resulta que si se niega la autoridad de un jefe de trabajo, se esta diciendo que no se reconoce como tal, por lo cual no hay razón de seguir sus condiciones; pero, no se puede sujetarse tanto a los beneficios como no beneficios de la influencia sobre a quien se le niega la autoridad, por lo que generalmente uno es despedido. Es decir, negar la autoridad de un jefe en un puesto de trabajo, es desprenderse de ello.

Uno puede por ejemplo tener algo y no quererlo, es decir negarlo y desecharlo; uno como persona tiende a desprenderse de aquello que no le es útil y lo desecha; también existe otro proceso (difícil o complicado de ver), relacionado a la condición de que partiendo del que gozando de la condición a la cual pertenecemos, la negamos y esta nos rechaza, o nos desprendemos de parte o totalidad de los beneficios que gozábamos de aquello que antes teníamos. Aquello que negamos, nos va limitando los beneficios que gozábamos.

Cuando uno tiene hambre y siempre ha estado comiendo de lo mismo, un día puede darse cuenta de que hay otras maneras de preparar la comida y otros alimentos que comer. Uno podría simplemente decidir cambiar su estado de dieta y comida por otro, pero no el estado de la acción de comer.

El estado de la religión es similar, es un estado o condición asociada al ser humano mismo como parte de nuestra identidad; de manera que asi como sentimos la necesidad de comer y comemos, también sentimos la necesidad de adoptar un estado o condición religioso que en el camino o proceso nos "conecte" con aquello que requerimos o necesitamos. Por lo tanto, cambiar de religión, es como cambiar de gusto por la alimentación, lo cual si en un día se descubre que otra determinada religión podría ser mejor a la practicada actual, si tenemos la capacidad de tomar ese cambio y beneficiarnos de aquello, se tomara sin ningún problema mayor.

El problema es negar el estado del concepto religioso en si, porque aunque no nos podamos desprender de un estado religioso en si mismo, si podemos dejar de recibir protección o beneficios de esta condición al pretender negarla. ¿ Que pasa cuando uno se enoja y porta mal con los maestros de la escuela a la que uno va para aprender?; sucede que los maestros, si bien no van a dejar de enseñar, porque la enseñanza es un estado generalizado a todos los alumnos presentes en el aula, si podemos tener que el maestro rechace en lo individual cuando se tenga una duda que solo se pueda atender con el personalmente. Lo mismo con nuestros padres; si uno de niño, se porta bien, los padres suelen tener la condición de premiar la buena actitud de los hijos y darles incentivos para que sigan por el camino adecuado, correcto o bueno; pero si el hijo comienza a portarse mal, contrario a las reglas de la familia, los padres de familia suelen restringirle los beneficios; como restringir los permisos de salir, el dinero

dominical, regalos ocasionales, prestar el auto, entre otros casos según apliquen.
Otro de los detalles acerca sobre lo anteriormente mencionado no solo abarca la condición de las reducción de los beneficios, sino que por el hecho de verse reducidos estos principios, se pierde otro concepto asociado a la protección.

CUATRO ELEMENTOS BÁSICOS QUE FORTALECEN NUESTRA IDENTIDAD

La identidad se apoya de aquellos elementos que fortalece nuestro ser: la educación, el deporte, la cultura, el arte.

a) La educación da conocimiento general y con el la capacidad de elegir

b) La cultura da conocimiento relacionado al entendimiento social, lo que permite relacionarnos

c) El deporte fortalece el cuerpo

d) El arte es aquella herramienta que permite conectar con el entorno. Podemos entender la naturaleza , pero esto no significa comprenderla ni admirarla. Es el arte el medio que conecta nuestra identidad con la de la naturaleza.

Existen ciertos actos que reducen, o minimizan la fuerza de los elementos anterior mencionados y con esto poco a poco se va reduciendo nuestra identidad asociada a la individualidad; en la medida que esto suceda, damos cabida a elementos externos del ambiente el "permiso" de influir e intervenir en nosotros.

¿ Porque cree uno que en la actualidad hay tantos actos que tengan a reducir nuestra identidad como la tendencia a estar mal informados , al libertinaje (tendencia de falta de respeto a la sexualidad) a la violencia, al consumismo?.

EL DESEO Y ESTADOS DE IDENTIDAD

El deseo, en la mayoría de los casos involucra emociones que ligan una parte de nuestra persona o existencia con aquello que se desea; es decir se crean lazos o uniones.
Un deseo es una visualización de una imagen con la que hay cierta tendencia a identificarnos, por lo tanto hay una tendencia a interactuar, y si todo proceso de interacción es un estado reciproco, entonces todo aquello que deseamos, también tiende a interactuar con aquello que se asocia.

LA MANIPULACIÓN DEL DESEO.

SOBRE LA ENVIDIA, SU RELACIÓN CON DESEAR Y EL EGOISMO

En ocasiones existen patrones del individuo en el que este se sujeta a una condición en la que se pretende ser algo o alguien bajo el concepto de querer la condición mas no el estado. De esta forma puede darse el origen de un patrón similar al proceso de idolatría, en el que se despierta el "deseo" de ser como alguien, porque ese alguien tiene ciertas características (o apariencias), que se quisieran tener de aquel.

Querer implica una disposición de esfuerzo dirigido hacia aquello que se busca obtener, el querer esta basado en un objetivo; sin embargo, en el desear no esta precisamente implícito la disposición del esfuerzo y un objetivo (puede estar, pero no es la prioridad); el deseo es un estado en el cual solo se "visualiza" la parte mejor o mas placentera (selectiva) de la condición de una referencia, y se ajusta a una condición propia, es decir, es como ser uno mismo vestido de las ventajas y beneficios sobre lo que se desea.

Al suceder lo anterior, consciente o inconscientemente, cuando uno se visualiza con los estados que son selectivos a la condición mas no el estado, entonces, se crean modelos de conexión sobre aquello que posee tales características, y si el deseo recae sobre un individuo, entonces surge una tendencia a querer ser como tal individuo.

El detalle de todo lo anterior es que como se ha mencionado, existe solo el "deseo", un estado de predisposición que se enfocarían solo a las ventajas de algo presente en alguien. Lo anterior hace entonces que, el individuo se compare constantemente con alguien; que tenga a imitarlo; que quiera lo que el otro quiere, en pocas palabras, su yo personal individual, pasa a estar en segundo plano, porque al ocuparse de pretender ser otro, en la búsqueda de las cualidades que se creen son mejores del otro, se van perdiendo las condiciones objetivas individuales.

Al estar solo enfocado a cualidades selectivas basadas s en condiciones que estarían relacionadas con sinónimo de condición de placer o de todo lo positivo, entonces, inevitablemente se comienza a desarrollar un estado relacionado con el egoísmo y la envidia del individuo. Es decir, la búsqueda de algo solo por el placer o el beneficio o de la condición, dejando un lado el estado o método, abre los caminos a la condición del ego

Entonces, vemos que una persona que desea, si no se enfoca en el método, comenzara a seguir el camino del egoísmo y la envidia, y no solo eso, sino que tendrá a descuidar su persona para buscar solo "aparentar" ser algo que no es; es allí entonces lo que tiende a convertir a ese individuo en un ser despreciable porque: se aleja de su realidad para buscar una ilusión que esta referenciada en otra, es decir se convierte en un individuo sin dirección real en su proceder, y esto es un elemento irritable en la naturaleza de las cosas; esto porque las cosas sin dirección y sin rumbo no permiten una interacción de beneficios, y como todo esta conectado en el universo, basándose en la premisa de la utilidad, ¿como algo que no ha definido su estructura puede ser útil a los demás si a lo menos no se es útil a si mismo?

Como la condición que se sigue es una ilusión, entonces, al estar esa ilusión sujeta a otro individuo en relación a lo que aparentemente solo es perfecto de el, entonces, habrá la tendencia a ser un seguidor de aquel individuo que alenté su ilusión; pero si la cualidad de lo mejor de aquel individuo desaparece o ya no cumple las expectativas, la tendencia a ser seguidor también desaparece, y esta actitud también es despreciable. Al egoísmo estar con el tiempo relacionado a querer (desear) lo que los otros tienen, genera una especie de interacción hacia los demás en el que solo se tiende apreciarle por aquello que los ilusiona, por lo que una persona egoísta solo apreciaría la parte "superficial" de los demás, no lo que realmente le define; entonces una persona egoísta es una persona discriminativa sobre aquel en que recae su egoísmo.

DIFERENCIA ENTRE DESEAR Y QUERER

Desear difiere en relación a querer, porque la condición del deseo estaría asociada, si bien al beneficio de tener aquello que se desea (y que se quiere) , seria mas bien a la condición de que el beneficio estaría relacionado a la perspectiva sobre quien ya porta aquello; es decir, uno puede querer por ejemplo un paraguas, un elemento de utilidad para cubrirse del sol o la lluvia; pero cuando un paraguas se asocia a la imagen de una persona, ese paraguas, ya no estaría relacionado al elemento de utilidad basado en lo que el paraguas es , sino a una condición en particular asociado a un estado de uso e identidad de aquella persona.

Si el paraguas, se usa o no para cubrirse del sol o la lluvia no importa, el objeto se valorizaría no por lo que es o su utilidad, sino por el valor de lo que quien lo porta .

Por lo tanto, el valor de la adquisición de ese objeto seria un valor asociado hacia algo externo de lo que se piense que ese objeto podría o no valer.

SOBRE EL CONCEPTO DEL VALOR DE LAS COSAS

Lo anterior podría decirse que es un concepto de valor efímero; en cuanto el que posee el objeto inicial que otro desea, si decide que ya no vale o no le estima, este concepto de valor se pierde, y como el que desea algo, se basa en la percepción de valor atribuido a lo que un tercero atribuya, entonces, el objeto en si mismo también deja de tener valor. Es decir, se atribuye algo a un valor basado en la opinión de terceros, que incide sobre un objeto o elemento.

Los objetos tienen en si mismo un valor por lo que son; atribuirles un valor basado en una opinión tercera, no esta del todo incorrecto, porque cuando uno adquiere algo, el valor del objeto se "revalora" de acuerdo a que al integrase a la persona que lo posea, le genere un beneficio o utilidad. Sin embargo una revalorización de algo basado en la opinión de terceros, no integra realmente el objeto en si al individuo, y lo sujeta precisamente a la opinión, y por lo tanto, a un estado efímero de las cosas, a un estado de valor sin sentido y sin razón de ser.

Cuando se tiende a desear, se revaloriza algo en base a una opinión y no a la utilidad real del objeto. Todo en el universo esta conectado, y para tal efecto se comunica. Para que exista lo anterior es necesario que todo tenga identidad, de manera que algo se define como lo que es y no es, esto genera un estado de valor y permite que todo esta interrelacionado.

Sin embargo una relación basada en una ilusión o un estado de valor falso, es decir cambiante o atribuible a opinión de terceros, generaría un estado de desequilibrio de las cosas en general, resultando en un caos o un estado de no resultados. Esto porque al estar todo relacionado bajo una condición de valor, el estado final que se busca es uno basado en la obtención de resultados y beneficios; sin embargo ¿Cómo se podría tener un beneficio o estado real de resultados basado en una relación de objetos sin valor o estado cambiante de este?

LA ILUSIÓN ASOCIADA AL DESEO

Al final por lo tanto, asociar un objeto o elemento a una condición de deseo, lo que se hace realmente es desvalorizar ese elemento u objeto al desconocer su valor real como lo que es y representa; al asociarlo a una condición de valor basado en una ilusión, se crea un valor cambiante; por cual ese elemento, al no integrarse realmente en beneficio o utilidad tiende a perder o reducir este valor, lo que lo convierte fácilmente en un estado fácilmente desechable.

Si el estado de deseo y envidia recae sobre las personas, esto genera molestia, fastidio y enojo, porque como ya se mencionó, la condición de envidia y deseo tiende a desvalorizar realmente las cosas; por lo tanto, es inevitable, que sobre quien recae esta condición, al menos en el subconsciente, no sienta ofensa en su persona, ya que nadie querrá ser considerado menos, o ser objetivizado.

El estado de deseo o envidia que recae sobre las pertenencias personales de uno, es molesto, porque es fastidioso que se entrometan en la vida privada y que deseen lo que uno tiene; ya que lo que se ha adquirido ha sido de esfuerzo, y cuando alguien quiere lo que uno tiene y le ha costado, pero no pretende darle valor a las cosas, reflejaría un estado de ignorancia, egoísmo, y falta de integridad en las personas; la ignorancia, el egoismo y la falta de integridad son elementos por si mismos despreciables, es decir, no deseables en el estado natural de las cosas y de la condición del progreso y mejora.

El estado de la envidia, también es una condición (entre otras), que genera la tendencia a desprendernos de lo que tenemos, o un estado de "ceder". Lo anterior sucede porque es como si le estuviéramos diciendo al universo que lo que tenemos no es lo que queremos, sino que queremos lo de los demás, y ese estado es una condición de falta de gratitud hacia lo que tenemos.

Por ejemplo, cuando una persona da trabajo, es correcto ser agradecido con el empleador; pero si en el trabajo uno es mal-agradecido hacia su empleador, este quizá no le quite el trabajo, pero podrá hacer que en las condiciones laborales ya no tenga más oportunidades de crecimiento o mejora.

En la vida misma, en la naturaleza , en lo espiritual, muchas cosas son cedidas por nuestro esfuerzo: trabajamos, estudiamos y obtenemos un sueldo y conocimiento; pero si despreciamos lo que tenemos, tendemos a que lo que obtenemos se pueda convertir en nuestra desgracia con el tiempo.

LA NEUTRALIDAD DEL UNIVERSO

EL EFECTO DE NO QUERER Y RECIBIR LO CONTRARIO A NO QUERER

El universo tiene cierta reglas y maneras de actuar; siempre constantemente estamos en comunicación con este y nos responde, pero sus respuestas son neutras, este no entiende el concepto propio de nuestra emociones particulares e individuales, y si quebramos reglamentos, este simplemente responde.

Por ejemplo, si nosotros envidiamos, estamos dando señal al universo de que lo que tenemos es indigno a nuestro ser, que no somos capaces de agradecer y merecer, por lo tanto el universo responde con evitarnos después, aquellas cosas que nos puedan permitir el crecimiento y desarrollo, pues es lo que (por envidiar) se supone no queremos

Pero sucede que como no puede haber solo el no dar, sino que ocurre que si no queremos algo, generalmente tendemos a obtener lo contrario.

El hacer ejercicio fortalece, el no hacer ejercicio debilita; no hacer ejercicio no solo no genera fortaleza, sino induce a que se genere debilidad, y se tiende a eliminar o fortalecer los procesos de fortaleza del ser: así podríamos decir que funciona el universo.

EL DETALLE DE CEDER LO QUE NO SE QUIERE, AUNQUE SE TENGA

El proceso de no querer (sobre algo que se tiene) , genera un estado en el que se tiende a rechazar lo esta en posesión de uno: luego ocurre que lo que no sirve a uno, a otro si; si alguien tiene algo que no quiere o rechaza, es equivalente a tener algo que no sirve o estorba, y la tendencia siempre es que lo que no es de utilidad a uno, se considere como "basura", algo a desechar.

Lo que no le sirve a uno, a otro podría servirle, y si algo ya no es de uno, podría decirse que le pertenece a cualquiera; por lo que cualquier otro individuo podría sentirse en el derecho de tomar aquello que fue desechado por uno.

REALIDAD CONTRA VERDAD

Una realidad es parte de una verdad asociada o adaptada a las condiciones de un medio determinado, por lo tanto, discutir puntos de vista sobre diferentes realidades no lleva a nada, porque no se puede refutar un punto de vista u otro, ya que ambas son verdades en si.

Toda realidad o punto de vista debe ser capaz de reconocer otro punto de vista, y esto es la base del respeto. Normalmente la verdad no puede estar peleada con si misma, por lo que diferentes realidades tienden a coexistir en armonía: ninguna se descredita, todas se complementan.

Puede sin embargo llegar a existir el detalle, en el que partiendo de un punto individualista (generalmente egoísta), se tenga en aceptar una realidad como la verdad única; es allí cuando la realidad que se vive deja de ser lo que es para convertirse en una ilusión, porque así como la verdad no puede negarse a si misma, una realidad no puede negar otras realidades, pero el individuo que niega una realidad, niega su realidad, se desprende de su identidad, y se convierte en ilusión.

LA CONTINUIDAD ESTABLECE LA UNIDAD.

Desde mucho tiempo atrás, ha intrigado a los hombres de ciencia el concepto de la continuidad del hombre como unidad. Sucede que como organismos estamos compuestos de células, estas mueren y constantemente son reemplazadas, de manera que el organismo como unidad se mantiene integro (lo mismo que su conciencia), pero su estructura interna no.

En un organismo adulto, por ejemplo, al cabo de varios años, todas sus células internas llegan a ser reemplazadas, (salvo al parecer unas cuantas que no, o en las que es mínimo su reemplazo, como las del cerebro); entonces surge la pregunta, ¿ como podemos ser nosotros mismos si hemos sido reemplazados en toda nuestra estructura interna?.

Sucede que como unidad o esencia siempre seremos lo mismo, no importa que lo demás cambie. Debido a esto, sucede algo interesante: el sentido de dejar una huella e identidad, por eso sucede que tenemos el estado de no solo progresar, sino garantizar el estado de supervivencia, y si se presta atención, esta relacionado a la herencia, es decir, inconcientemente tenemos a darle importancia a la herencia, porque es lo que pemite la continuidad de las cosas; nos sentimos seguros garantizando la existencia de la especie misma.

LA IMPORTANCIA DE DEJAR UNA MARCA O HUELLA DE IDENTIDAD

La mayoría de los actos que hacemos tiene una marca; también podemos decir que así como los actos tienen una característica que representa a quien lo hizo, sucede que el objeto sobre lo que recae la acción de las personas también poseen una identidad o marca.

Por ejemplo, un pintor o musico, cuando crean una obra, dicha creación lleva la firma y marca del artista. Cuando un albañil que se dedica a construir una casa o un edificio, podemos ver comúnmente que este se siente orgulloso cuando se termina de construir y normalmente tales personas suelen decir: ese edificio fue construido por....

Después podemos ver que tal edificio o casa es luego vendida y pasa a ser propiedad de alguien, y luego a esa propiedad, los nuevos dueños, le integran su marca personal, es decir, la incorporan a su ser: le crean una marca propia de identidad. Esto no quiere decir que esa propiedad deje de tener un registro de la historia de su creación, en este caso de sus constructores.

LA IDENTIDAD ASOCIADA AL CONCEPTO DE SU PASADO.

Para que se pueda entender mejor el caso podemos hacer una analogía de una escuela: en una escuela, cada año se gradúan estudiantes que dejan tal institución, y generalmente se hace un anuario anual en el que se registra los estudiantes pertenecientes a tal año. Pasan los años, sigue pasando el tiempo, y la escuela o esencia de la escuela son los estudiantes.

Es cierto que son los estudiantes actuales en curso los que le dan validez a la escuela, pero esa validez se basa en el sustento de una validez anterior: el registro de los estudiantes de generaciones anteriores.

Un estudiante que va a entrar a la escuela, lo primero que analiza es la calidad de los estudiantes que antes tuvo la institución, es decir un registro de quienes eran y como se educaron; luego con este registro los próximos nuevos estudiantes, son los que determinaran si prosigue el "estatus" de la escuela y darán validez de su prestigio.

Lo anterior quiere decir que la escuela tiene una firma de su estructura, formada por quienes la conformaron, y aunque en una actualidad, los estudiantes presentes definen la escuela, son sus estudiantes pasados la firma, los pilares reales del presente.

Lo mismo ocurriría con una casa, esta tiene un registro histórico de quien la hizo o habito antes en ella; es a ese registro el que se accede para definir si en el presente, uno decide ser el dueño de tal propiedad.

MODELO DE TRASCENDENCIA BASADO EN LA CONTINUIDAD Y LA EXISTENCIA DE SU PASADO

Los registros son una memoria histórica, porque quien hizo algo, a través de sus obras queda un registro de lo que fue.

Si una persona no deja obras en vida y nadie lo conoce, es como si no hubiera existido, porque la existencia misma se basa en modelos de registros históricos: todo en esta vida o universo existente no parece existir sin un proceso de "identidad histórica".

Es imposible que no exista identidad histórica, porque las mismas interacciones entre individuos, crea recuerdos entrelazados entre los que viven y los que no; si un individuo muere, si queda en la memoria de quienes viven, el recuerdo de los presentes define el carácter de "identidad" o registro histórico.

Existe por lo tanto un proceso en los individuos de querer dejar un estado de registro histórico, y uno de los más visibles es por ejemplo a través de los hijos.

Los hijos son un claro ejemplo que "certifica" la legalidad de la existencia de sus padres, de manera que a través de los hijos, puede seguir existiendo la identidad de los padres.

Si un individuo hizo en vida una obra, como por ejemplo un artista un cuadro; cuando el artista muera, toda su estructura de identidad y registro histórico queda en ese cuadro. Un hijo es como una estructura de identidad que llega a tener influencia futura, de manera que si el padre en vida hizo algo malo, a través del hijo, este puede enmendar las obras malas de su padre, y así, aquel , aun puede influir en un futuro existente.

La vida parecería basarse en un proceso de identidad y registro; sin eso la vida misma tampoco podría sustentarse; por lo tanto el progreso y desarrollo de toda estructura se basa en el recicle continuo de las identidades y registros existentes, de manera que algo nuevo no puede existir sin su predecesor.

La simple idea de no tener algo que sustente a uno, tanto en la vida presente como en la vida futura, es aterrador; se tiene una necesidad de dejar "evidencia" de nuestra existencia, de nuestra identidad.

La conjetura de la amplitud y restricción

Gran parte de nuestro actuar se basa en posibilidades, nuestro comportamiento es predestinado en base a una serie de condiciones que nos rodea, de manera que el ambiente tiene una función muy importante en las tomas de decisiones

Cuando elegimos un trabajo, hacemos el análisis en el que partiendo de nuestras necesidades económicas, determinamos si el sueldo nos es útil o no. Como segundo análisis hacemos una imagen de como podríamos usar ese dinero. Nos prospectamos a futuro, y de esta manera vemos que un trabajo hoy con un sueldo X, nos brinda una manera de ser.

LAS POSIBILIDADES

Hay factores que limitan o restringen nuestro actuar y otras nos ofrecen una posibilidad ilimitada; sin embargo, no podemos vivir en una condición "ilimitada" de posibilidad, necesitamos cierta restricción para valorar y actuar; de manera que si se nos presenta una opción de muchas posibilidades, tendemos a determinar parámetros que "restrinjan" el modelo de "libertad" total para ajustarlo a nuestras condiciones. ¿Cómo es esto posible?.

Suponer que para ir de un punto A hacia un punto B hay 10 caminos o carreteras:

Primera condición: no podemos tomar los 10 caminos juntos, por lo que el exceso mismo es una restricción.

Segunda condición: en base a que ofrece cada uno, determinamos lo que más nos convence para elegir.

Es necesario entender que a cada lugar que vamos, este nos muestra una condición determinada que ajusta nuestro comportamiento. Nos movemos y actuamos en base a una manera propia de ser, determinamos esta forma de ser en base a conceptos, y esto esta ligado a modelos de libertad.

SOBRE LOS RANGOS DE POSIBILIDAD Y LA SEGURIDAD ASOCIADA A ESTOS

Sucede que por ejemplo, un sueldo de x cantidad nos define una manera de ser: establece que decisiones tomamos en relación a que podemos comprar o no con este dinero. Si queremos ser más consumistas y nuestro sueldo nos da para eso, tenemos libertad amplia de elección. Si de repente queremos ser más consumistas y nuestros sueldo ya no lo permite, entonces el sueldo limita la posibilidad de elección, y esta se reduce a una libertad establecida dentro del rango, es decir, lo que se tiene.

Lo anterior indica que hay rangos de posibilidad, unos mas amplios que otros. Un rango de posibilidad amplio da mas seguridad y es mas confortable que uno menos amplio.

El rango de posibilidad es como encontrarse con 10 caminos diferentes que conduzcan al final al mismo destino; pero una cosa es tener la capacidad para elegir cualquiera de los 10 caminos, aunque solo se pueda elegir uno a la vez; y otra es que aunque esos 10 caminos existan , uno, por las condiciones que tenga, solo puede acceder a un límite, como por ejemplo 3 de 10. ¿Cómo interpretar lo anterior?.

Independientemente del rango de libertad que nos movamos, la razón que sea por la que estemos en tal condición, nuestro subconsciente ya sabe eso, todo subconsciente tiene la capacidad misma de la elección, misma que por si sola es como un derecho establecido: tenemos derecho a ejercer nuestra libertad (dentro de nuestras posibilidades). A partir de aquí suceden modelos interesantes a tratar.

Si uno tiene la capacidad de elegir entre 3 caminos para ir a un lugar, podemos definir eso como un rango de capacidad de libertad.

Si nuestro subconsciente hace un análisis hoy y decide que es mejor tomar el camino 1, y mañana mejor el 3, y luego el 2, no importa.

Todo individuo de esta manera se maneja en un rango de posibilidades en algunas de esas opciones, y aunque nunca las ejerza, son esas condiciones, las que determinan su seguridad de desarrollo.

En términos biológicos relacionados con la evolución, sucede que tener la posibilidad de moverse de una región a otra en caso de que suceda una catástrofe, da la posibilidad de sobrevivir y genera un estado se seguridad; es esta posibilidad misma de acceder a esa condición la que asegura estabilidad y posibilidad de ser mejor, porque si en una región no puede desarrollar un individuo completamente sus habilidades o aptitudes, bien puede, si esta en sus capacidades, desplazarse a otra región donde este mas cómodo y pueda desarrollarse mejor.

Es decir, no son precisamente patrones psicológicos humanos, la capacidad de vivir con un rango de libertad establecida, es algo que esta en nuestra biología. La libertad da en cierta forma un estado de seguridad, estabilidad y poder mejorar.

Entonces hasta este punto ya podemos ver:

- El ambiente determina patrones de desarrollo y como actuamos.

- La libertad que podemos ejercer como concepto propio asociado a la misma palabra: "libertad", no es limitada; pero si la libertad de rango en que nos podemos mover de acuerdo a nuestras capacidades, (libertad de rango)

A TODOS NOS GUSTA EJERCER NUESTRA LIBERTAD.

Sucede que por ejemplo, de 3 caminos que se tengan de rango de libertad, podemos nunca elegir el camino 3 (por decisión propia); después si alguien decide que como nunca elegimos el camino 3, resulta que a su consideración no habría problema en que el pueda usarlo, porque a su punto de vista no se esta ocupando, y se requiere darle un uso. Lo anterior tendería a causar un malestar, ¿Por qué?: si uno nunca usa el camino 3, y se restringe, o alguien decide darle un uso a este, ¿que cambia?; si nunca se usaba, ¡donde esta el problema!.

El detalle es que la decisión de no elegir el camino 3 es un derecho a ejercer una condición de la libertad: elegirlo o no elegirlo. Cuando el camino 3 se restringe, se atenta contra la decisión de poder elegir: cuando ya no se puede elegir entre tomar el camino 3 o no, porque alguien lo "determina" asi, significa que ese alguien mas se adjudica ese derecho o beneficio. Un beneficio potencial.

EL CONCEPTO DEL BENEFICIO POTENCIAL

El beneficio potencial es aquel que aunque no se ejerce se tiene, y aunque no se ejerza, se puede hacer uso de el: por ejemplo, suponer nuevamente que los caminos 1, 2 y 3 son privados, y nunca se usa el 3. El individuo que es dueño de estos caminos, puede presumir tener 3 caminos. Tener 3 es mejor que 2 , aunque no se usen; y puede prestar o rentar el uso de pasaje por la propiedad del camino 3 (uso potencial). Entonces el beneficio potencial siempre esta presente en el subconsciente y siempre se peleará por tal condición.

Curiosamente sucede que los beneficios potenciales si pueden beneficiar a terceros porque derivado de una restricción que se nos establece, aunque sea de algo que no ejercemos, alguien si puede tomar el beneficio de "explotar" aquello que tome.

DESCRIPCIÓN DE UN EJEMPLO: UN PASEO POR UNA PLAZA:

Cuando uno entra en un centro comercial, ¿ que es lo que se ve?. ¿ se ha uno puesto a percibir porque lo que hay esta como esta?. Imaginarse entrando a un local de artesanías.

Tomando en cuenta la distribución podemos encontrarnos con un espacio saturado, por lo cual, ¿ qué podría representar un espacio saturado?.

Un espacio demasiado saturado en si mismo nos limita nuestro espacio natural, lo que significa que reduce nuestras opciones. Es decir: en este caso se refiere a la reducción de nuestro margen de tomar decisiones.

Supongamos ahora un espacio moderadamente amplio. En este caso, la amplitud nos permitiría desplazarnos cómodamente, y esta capacidad nos brindaría la opción de observar con más detalle las cosas (podríamos desplazamos hacia atrás o adelante, a un lado u otro, solo porque podemos hacerlo), esto nos indica algo: somos libres en la dirección , tiempo y manera de actuar, de manera que podemos ir a tal lugar solo a ver, (sin la intención de comprar); ¿ que pasa con arreglos de tienda mas estrechos?.

Un arreglo demasiado estrecho en algo hace que se sienta reducida la libertad de movimientos; nos vemos obligados a caminar con más cuidado por temor a quebrar algo (nos vemos forzados a actuar de una manera muy marcadamente); el tiempo de distracción tiende hacerse más reducido, ya que debido a que todo esta más estrecho, las mercancías mismas exigen tiempo para su contemplación rápida, porque, el mismo espacio, no permitiría permanecer demasiado tiempo allí.

DIVERSIDAD CONTRA ESTANDARIZACIÓN

Cuando el espacio es mas estrecho, nos vemos obligados a forzar nuestras capacidades de gusto y de capacidad monetaria. En un espacio amplio, si no tenemos capital para comprar algo de aquella tienda, no pasa nada, pero en un espacio reducido, esta capacidad de esparcimiento tiende a reducirse, de manera que tenemos a no entrar en un espacio estrecho si calculamos que no tenemos capital como para solventar la compra de alguna cosa

Algo parecido sucede en tiendas con artículos con diversidad de precios, que tiendas donde manejan precios mas estandarizados.

La estandarización de estilos, precios y lujo en artículos, también nos dice algo: "si buscas camisetas de colores este no es lugar para ti, ya que solo hay blancas".

Es decir, una estandarización muy marcada, revalora nuestras capacidades y al mismo tiempo, así como esta catalogada la tienda, también nos catalogamos.

Entonces tenemos ahora un lugar que "cuestiona", impone reglas, y obliga a tomar determinadas actitudes.

Esto no quiere decir que este mal. Aquí no entran conceptos de mal, correcto o incorrecto; aquí solo se estructuran cosas. De manera que si tenemos un capital económico desahogado y tiempo "de sobra", tendemos a buscar tiendas que cumplan la expectativa, de que la libertad de tiempo para ver y cantidad de mercancía que se muestre, nos de la sensación de libertad también.

LO HOMOGENEO VS LO HETEROGENEO

Sucede que podríamos preguntar: ¿una extensa amplitud seria tan abrumadora a los de menos economía?. Sucede que los que tienen menos economía suelen buscan otras cosas. Buscan ejercer su libertad de decisión: decisión de pretender comprar algo o no, de esparcirse, de divertirse; se busca otros elementos propios no implícitos en una persona mas acaudalada.

Ahora bien, no se esta diciendo que una "amplitud" de algo no sea abrumadora. Es decir, lo es en si mismo, porque en una extensión muy amplia, es algo complicado no perderse o tener un rumbo fijo. Lo que sucede es que se manejan términos en paralelo.

En un mismo espacio, si se analiza una perspectiva, tenemos una condición dada, que es verdadera , adecuada, y todos los campos de acción corresponden a principios propios establecidos. En otra perspectiva, es necesario hacer otro análisis, que ejerce su acción en otros términos, y que es independiente a la anterior.

Aquí el detalle: al entrar en un centro comercial demasiado amplio es abrumador al inicio, ya que ¿ por donde comenzar a dar al paseo?, ¿ cual tienda visitar primero, cual después?. ¿ se va a comprar algo o no? ¿ que se va a comprar?.

Si pensáramos en esas cuestiones al mismo tiempo, entraríamos en schok, probablemente nos bloquearíamos y quedaríamos simplemente parados en estado inerte, como desprogramados en algo. Pero no sucede así, o al menos no en estado adulto, y si sucede, en cuestión de segundos nos organizamos y tomamos una dirección ¿Por qué?.

Sucede que internamente también tenemos un mecanismo de control y dirección. ¿ y que significa esto? .

Nótese nuevamente algo: también el exceso de algo, no solo puede bloquearnos, también reduce nuestras capacidades.

Volviendo al inicio:
"No podemos vivir en una condición "ilimitada" de posibilidad; necesitamos cierta restricción para valorar y actuar. Si se nos presenta una opción de muchas posibilidades, tendemos a determinar parámetros que "restrinjan" el modelo de "libertad" total, para ajustarlo a nuestras condiciones."

La amplitud es buena, (por lo que representa), pero en un instante mismo tenemos a reducir y estandarizar las cosas para poder tomar decisiones y actuar. La estandarización y las decisiones se toman mejor con un panorama de amplitud que uno reducido.

La heterogeneidad induce a la homogeneidad ¿ que quiere decir esto?. Cualquier estudiante de biología o agronomía en sus inicios inmediatamente reconoce este principio (aunque no lo entienda): un cultivo extenso, ¿cómo es?, ¿ acaso no se busca la homogeneidad en el?, ¿ porque?.

La homogeneidad induce a problemas tales como la susceptibilidad a plagas, por lo que, ¿ que tiene un cultivo en defensa a esto?; nuevamente tenemos que la homogeneidad, se combate con la heterogeneidad, que es la gran variedad diferenciada de genes.

Aun cuando fisiológicamente el cultivo se muestre homogéneo, en su interior , tiene el "potencial" (de la variación), o respuesta a través de sus genes (que tiende o puede manifestarse en la descendencia directa).
Nótese como aun en la homogeneidad presente (tendencia reducida en algo) hay una capacidad que tiende a lo contrario que esta dispuesta a establecerse cuando sea necesario, y nótese como también la homogeneidad, tiende a un estado de amplitud: en un cultivo es mas fácil extender su capacidad productiva por medio de la expresión homogénea de las características .

La restricción (reglas, disciplina, según sea el caso) tienden a expandir las capacidades(que puede durar por mucho tiempo este estado benéfico),pero nunca se abandonan la búsqueda de la libertad misma (extensión).

¿Acaso no somos en nuestra juventud como individuos demasiados propensos a esa búsqueda de libertad anhelada? Y en nuestra edad madura ¿ a restringir, o estandarizar el modelo de vidas propia que decidimos.?

Nótese aquí la biología, asociada a los estados mismos emocionales y efectos duales de las condiciones establecidas.

LA AMPLITUD

CUANDO EL EXCESO DEJA DE SER PLACENTERO

Un espacio amplio, "amplia" nuestros movimientos y capacidad de decisión; pero sucede que al tener mas capital, existe la tendencia a decidir mejor que hacer con nuestro capital, y pareciese buena idea tener mas opciones para elegir; pero una "extensa" amplitud con el tiempo se vuelve "abrumadora".

Cuando se tiene un gran capital y por lo tanto gran capacidad de compra, algo estrecho en si mismo da la sensación de una selección forzada; si solo se tiene 2 opciones para comprar algo, uno esperaría encontrar 4 o 5 opciones más (poder decidir entre 2 opciones, no parecería dar mucha ventaja comparativa) , pero a partir de una 3 opción, se genera una sensación de más comodidad.
Sin embargo uno podría pensar que, si la capacidad de compra es muy amplia (o ilimitada), bien se podrían considerar

también opciones de elección con un número alto de comparación, y preferir 20 opciones, o 30, o cualquier número siempre mayor que otro.

EL ENGAÑO DE LO ILIMITADO, EL EXCESO DE RIQUEZAS, LAS OPCIONES ILIMITADAS

Pretender un número mayor siempre a otro, da la sensación de que nunca se llega a algo, que no se alcanza un objetivo o lo que se quiere.

Un objetivo o querer algo en si mismo es una restricción: se quiere algo y no lo demás , por lo que tener algo significa no obtener lo otro, y no solo eso, sino lo que se obtiene debe de sernos de utilidad; y para que algo sea de utilidad , lo que se adquiere debe de tener un cierto estado de estabilidad y permanencia.

Algo que no llega a un punto de estabilidad y permanencia no define un rumbo fijo, una razón, ni utilidad; y sin utilidad no hay significado de las cosas.

Perseguir un numero siempre mayor a otro, no define un sentido en si mismo de las cosas: si siempre se desea un número mayor al que se tiene, no se logra definir un destino final de alcance; sucede que lo que se desea es alcanzar algo, porque, es precisamente eso que se alcanza y se tiene, con lo que uno puede realizar lo que se quiere.

No se puede realizar lo que se quiere, sobre aquello que no se tiene y no se puede alcanzar: un número infinito es algo por naturaleza inalcanzable.

Se debe de tener cuidado de no confundir términos: los rangos de "amplitud" ofrecen ventaja, y esta siempre es buena para no solo lograr lo que uno desea, sino que aquello se pueda conseguir con mas seguridad y menos trabajo.

Como segundo punto es de notar que se pueden tener por ejemplo 10 opciones sobre algo, pero siempre esta la posibilidad hacia el infinito de opciones.

Cuando se busca algo, lo que se quiere es llegar a obtener aquello que se desea, y este elemento es independiente de las opciones, por lo que las opciones son una especie de "ayuda" o condiciones para lograr el objetivo.

Existe una limitante en cuanto a la cantidad de opciones para que sea efectivo alanzar un objetivo, y pasado ese límite, se convierte en un estado de indiferencia un numero de alternativas que no podríamos alcanzar a visualizar.

Las posibilidades y alternativas no se dan por si mismas, también se buscan, también se establece un proceso para obtenerlas; de manera que al buscar un objetivo sobre algo, se trabaja también en forma alterna o paralela el tener opciones.

Es cierto que una persona con una cuantiosa riqueza le seria de su agrado tener variedad de opciones para elegir algo, pero después un limite establecido, a partir del cual, si se pasan las opciones, se convierten en exceso; y algo excesivo se escapa del control y condición que uno pueda tener sobre lo que desea; por lo cual el exceso tiende a ser abrumador, dando la sensación un tanto contradictoria, de vacío, porque aparentemente teniéndolo "todo", no es posible llegar a nada.

Entonces se crea una inestabilidad que induciría al impulso constante de la necesidad , esto porque el exceso obtenido de algo, al no poder asociarse a una condición objetiva real que le brinde beneficio , crea una sensación de faltante:
seria como sentir frio y comprar una colcha para abrigarse y darse cuenta que la colcha solo permite una sensación mínima de alivio; entonces se vuelve a tener frio y la necesidad vuelve a surgir; por lo que se sigue comprando mas colchas, solo para darse cuenta de que ninguna colcha es efectiva, pero, se siguen comprando otras, porque no se sabe que otra cosa comprar o hacer para no tener frio.

EL CONCEPTO DE DEUDA

Una persona puede tener muchos recursos, ingresos, propiedades, ¿ es esto algo malo?. La verdad es que todo se basa en una condición y perspectiva determinada.

Una persona puede por ejemplo tener 30 pares de zapatos, la verdad es que, ¿ cada cuando los usaría?. Si las riquezas no llegan a ser útiles al individuo que las posee entonces hay detalles.

Los recursos es cierto que tienen una finalidad de ser extraídos para transformarse en artículos útiles a individuos, pero esos recursos deben de beneficiar a la mayor cantidad de personas.

Cuando se extraen elementos o recursos de su medio, lo que se esta haciendo es quitar a ese medio (la naturaleza), algo de lo que de alguna manera esta trabaja y le es útil; por lo tanto, al extraer un elemento del medio de la naturaleza, lo que se hace es cambiar de dueño la utilidad de este: antes aquel recurso cumplía una función al medio, luego tiende a pasar a ser útil directamente al humano. Por lo tanto tenemos que las riquezas son un préstamo a igualdad de beneficios.

Por eso, lo que se extrae de la naturaleza, para mantener el "equilibrio" del concepto de la utilidad o función de las cosas, el valor del elemento extraído (en este caso valorizado como útil), debe de conservarse en todo momento.

Una manera de conservar el valor de los recursos , es que estos al ser extraídos de su medio, aparte de ser usado eficientemente, sea útil a la mayor cantidad de individuos o personas a los que valla a ser destinado como su nuevos dueños.

Lo que uno toma del medio, si le sirve, es de uno, y nadie podrá reclamar ese derecho de propiedad; paradójicamente, acumular riquezas solo por el sentido de acumular, hace que pierdan el valor real del beneficio propio, y si no hay un estado propio de beneficio, tampoco habrá disposición a establecer un sentido de generar bienestar al exterior, por lo cual, a mas acumulo de riqueza en este sentido, mas acumulación de carencia al exterior se hace, (hacia el ambiente), lo que se traduce en una condición de deuda.

LA ILUSIÓN DE LO ILIMITADO

SOBRE LOS IDEALES.

Una perspectiva no física como un ideal o gusto por algo, no esta limitado por algo físico, y sin embargo tenemos que a la hora de tratar de materializar ese ideal nos encontramos con una limitante física.

Para ser campeón de carrera de 10 km requeriremos de tiempo y esfuerzo (limitantes); entonces una limitante inicial da un resultado en el tiempo posterior. Este resultado tampoco es ilimitado, porque una vez que se llega por ejemplo a ser campeón de una carrera, allí termina todo, ¿ y que gana uno?: se gana el ideal materializado.

Como resultado del proceso para llevar a cabo el resultado esperado, hace que tengamos en si mismo un limite de alcance.

Un ideal en esencia que no pasa por un proceso que lo materialice, en si mismo tiende a ser de naturaleza ilimitada o por lo menos de sensación ilimitada.

Como lo ilimitado no tiene un punto fijo que indique que ya se alcanzó, entonces esa sensación a los individuos nos hace entrar en un aparente "espiral" sin límites, y algo que no tiene limite tampoco alcance y entonces, ¿ como se puede satisfacer algo que no tiene alcance?.

Suponer por ejemplo el concepto del ideal de ser mejor, pero ¿ ser mejor en que?: el concepto mismo de ser mejor no nos indica mucho, de hecho, el solo "ser mejor" nos tendría desorientados, sin dirección, porque ¿ a donde iríamos deseando ser mejores, y mejores en que?

EL VICIO: UNA CONDICIÓN INVERSA DE LAS COSAS

Sucede que el vicio surge del estado de un ideal que ha perdido los limites o nunca los tuvo; pasa de ser ideal a un concepto que tiende acrecentar el deseo constante de un bienestar materializado que no repercute en su estado a la creación necesaria de un bien en el proceso; es decir, querer por querer no brinda en si un beneficio real a su poseedor ni al exterior, porque lo que se adquiere no le valoriza; no existe el estado de valor porque no hay un estado real de algo que pueda adquirir valor, ya que el solo querer algo, o tener algo sin una razón misma mayor a solo querer, no brinda un objetivo a lo obtenido.

Al no valorizar las cosas, con el tiempo, ocurre un fenómeno que bien podría decirse es el inverso de las cosas y, lo que no se valoriza se tiende a despreciar.

EL TRUCO DE LA UTILIDAD, Y EL PLACER

Si analizamos bien el concepto, el vicio, entre otras cosas, este tiende a que adquiramos cosas por adquirir; pero también hay luego algo que lo fortalece: no solo la actitud del vicio nos hace adquirir algo por adquirir y que desvaloricemos lo que obtenemos, sino que su costo nos es mayor que la utilidad real que pudiésemos obtener de aquello, esto porque; "no hay mal que por entero malo no tenga un mínimo de bien

¿Como es posible si no, que al adquirir un vicio, este, en momentos nos provoca placer y deseo?: pero, ¿qué provoca ese placer y deseo?; ¿ que sucede con los problemas o costos posteriores asociados en adquirir un vicio?. Es decir, cuando uno hace ejercicio, ser fortalece y esto a la larga genera beneficio, pero un vicio parece que nos brinda placer inicial y luego problemas a la larga.

Como los problemas adquiridos por un vicio vienen después, he aquí que caemos en una trampa, porque si derivado de hacer hoy ejercicio , aunque nos cueste inicialmente , mañana vamos a sentirnos mejor y tener mas ventaja, esto hace que queramos seguir en el camino del ejercicio; con el vicio ocurre lo contrario: hay placer al inicio y dolor después, por lo que querríamos seguir en el vicio constante hoy, para tratar de lograr evitar que el problema o dolor posterior no llegue, (a sabiendas que reduciríamos nuestras oportunidades posteriores, como una vida mas larga, por ejemplo)

¿PODEMOS POSEER TODO LO QUE DESEAMOS?

Como individuos que somos no podemos poseer todos los bienes físicos ilimitados que queramos; hay una base y sustento biológico de esto, recordando: tenemos por ejemplo que cuando uno tiene hambre, hay una capacidad limitada de lo que podemos ingerir de alimentos , por lo tanto sería inútil a la hora de comer, tener 100 hamburguesas cuando la utilidad de la comida estaría dada en solo 2 o 3 (por ejemplo).

Basado en lo anterior se entiende por lo tanto que se tienen principios o bases que definirán los procesos de una estructura, entre los cuales

Primer principio: utilidad

Las cosas que poseemos deben de sernos útiles (darnos un beneficio)

Segundo principio: incorporar

Podemos ver que algo al sernos útil, pasa a incorporarse en nuestro ser

Tercer principio: tomar y dejar

Poseer y liberarnos: es decir, regresando al ejemplo de comer una hamburguesa que comemos, antes de ser comida era un elemento "externo", que luego incorporamos a nuestro organismo (al comerla), y mediante el proceso metabólico que tenemos, incorporamos los elementos de la hamburguesa a nuestro cuerpo (utilidad); después, lo que ya no nos es útil lo desechamos: tomamos lo que nos sirve y dejamos lo que no nos es útil, de manera que todo por beneficioso que sea, no todo nos es útil y en algún momento tendríamos que deshacernos de esa parte.

Cuarto principio: estado de cambio

Las cosas no son precisamente útiles en su estado natural, sino que deben de tener un "proceso" para que así sea, es decir, pasar por un modelo de intercambio (el dinero por ejemplo como simple dinero no es útil, sino su capacidad de que con el se adquieran cosas)

En el caso de los alimentos por ejemplo, estos, a través del metabolismo, los incorporamos a nuestro ser, es decir: el metabolismo transforma los alimentos de un estado propio de lo que eran, a una condición propia a la cual los elementos que integran el alimento, puedan "reintegrarse" a nuestro ser.

Recibir y dar es otro concepto relacionado también con poseer , y liberarse (o tomar y dejar): por ejemplo tenemos que cuando un maestro en algún momento adquirió educación (recibió), y luego al enseñar, da. (recibir/dar; tomar/liberarse).

A un niño le son útiles los juguetes (mientras es niño se mantiene esta premisa), luego el niño crece y los juguetes ya no comienzan a tener la misma utilidad; es en este momento en el que o se deshace de los juguetes o estos cambian de la manera en que son útiles; es decir, de niño el juguete sirve para jugar, de mas adulto podría cambiar a ser símbolo de recuerdo de una niñez y testimonio de esta.

En relación a incorporar, los hábitos también pueden determinarse como "algo" que tenemos, y que nos brindan utilidad, de manera que el habito en hacer ejercicio nos brinda salud y fortaleza. Nótese como ese "algo" , -el habito- en el momento que obtenemos un beneficio o utilidad de este, es como si en conjunto (el habito y el beneficio), se incorporaran a nuestro ser.

Los elementos en realidad, su utilidad es cambiante en el tiempo según el individuo que los posea, ya que ambos, elementos e individuos, no son estados estáticos.

Las cosas al tenerlas y no sernos útiles, no solo no nos son útiles, sino que nos generan un costo por tenerlas. Un mal habito no nos es útil ¿ y que nos genera?: mas costo por mantenerlo, tendencia a mala salud, otra clase de problemas.

Hay un ley biológica y natural que sustenta esto: somos seres con tendencia a ser mejores, a progresar; al buscar eso, inevitablemente tendemos a dejar aquello que no "encaja" con lo nuevo que se busca. (si no, no sería posible el cambio)

LOS RECURSOS ESTÁN PARA USARSE Y APROVECHAR SU DISPONIBILIDAD.

El principio de la naturaleza basada en la mejora y crecimiento, recae en la utilización de los recursos eficientemente

Existen muchas características que definen el valor de las cosas, y una de estas se basa en que todo elemento tiene una razón de ser, o de existir y que se cumpla esa condición que lo define.

Un auto por ejemplo, se creo con un propósito especifico: un auto es para transportar individuos. Si un auto se creo para transportar, pero este solo se compra y almacena, (es decir no se usa), ha perdido su razón de ser y deja de ser útil; luego tenemos que cuando algo ha perdido su valor y utilidad, es considerado desecho o un elemento de reciclaje.

Si un elemento que ha perdido su valor de uso o utilidad, o permanece demasiado tiempo en ese estado y no se le brinda otro uso, o no va a reciclaje, entonces ese elemento se convierte en un elemento contrario a lo que fue, y en vez de generar mejora o progreso sobre quien lo posea, tendera a generar prejuicio o restricción.

Negar un recurso cuando este esta disponible y uno puede hacer uso de este, en cierta medida es negar un estado de crecimiento y progreso, porque todo recurso tiene y cumple la función de que al ser utilizado, el individuo que lo use debe crecer y progresar al hacer uso de aquel.

Negar un favor, una ayuda, o un recurso, es en esencia lo mismo. Por lo tanto, si uno, teniendo la capacidad de usar un recurso o elemento lo niega, es como si estuviera "enviando " un mensaje al exterior de que en su estado, tal individuo esta completo en su persona y no requiere crecer o progresar; por lo tanto ese "favor" se tiende a "regresar" porque: el que pide ayuda, recibe; pero el que pide que no lo ayuden, no la recibirá.

Un individuo, es cierto que no puede ser dueño de todos los recursos disponibles del medio en que se encuentra, pero puede ejercer sus capacidades o habilidades para que estos se puedan repartir entre otros que si los ocupen o puedan hacer uso de ellos.

Crecer y mejorar esta asociado a utilizar los recursos del medio, de forma en la que todos se beneficien; por lo tanto el beneficio de todos los recursos disponibles debe de alcanzar en forma equitativa y proporcional para todos.

EL PRINCIPIO DE LA ACCIÓN AÑADIDA AL OBJETO O RECURSO

Una persona suponer gana por su trabajo aprox 45 mil pesos, pero el en su persona solo gasta 15 mil, por lo que le sobran 30 mil. Si nunca usa esos 30 mil, esa cantidad de dinero estará inactiva y no disponible para terceros. ¿ que significa lo anterior?.

El individuo al gastar sus 15mil pesos, estos los devuelve a la sociedad, porque paga por comer, por comprar un artículo, pagar el alquiler casa, etc; y esa comida, articulo o casa, alguien trabajo para que estuviera; por lo tanto el dinero en movimiento favorece el trabajo de todos, asi como a la transformación de recursos útiles que se disponen para todos. Pero entones, ¿ el dinero que se guarda y no se usa que pasa?

Si solo se guarda (retiene) y se hace por mucho tiempo, ese recurso en forma de dinero, que pudiendo ser "devuelto" a la sociedad para estimular trabajos y producción no lo hace, lo que crea es una restricción del crecimiento externo; uno porque ese dinero inicialmente proviene de una fuente de trabajo; es decir, el individuo con su trabajo propicio la extracción de recursos para formar artículos o servicios; por lo tanto debemos devolver . El detalle es que no devolvemos lo mismo con lo mismo, sino con estado de cambio, de manera que obtenemos recursos, y damos beneficios.

Si siempre vamos a dar por algo que recibimos, ¿ donde esta el valor real de lo que obtenemos si debemos devolver?.

Lo que es propio nos pertenece, el valor real total de nuestras cosas viene a establecerse por el esfuerzo de uno, que al final es lo que revaloriza nuestras propiedades y eso es lo que nos termina de dar una sensación de beneficio y placer. Por eso lo que se obtiene sin esfuerzo y estados reales de intercambio de beneficios y utilidades, tiende a la larga a no pertenecernos o no causarnos un estado real de plenitud o felicidad, y tiende como suele decirse: a esfumarse como el polvo al viento.

A lo que es propio podemos darle un uso, y generalmente el uso que le damos a lo propio genera beneficio, pero a su vez en forma indirectra se genera un estado de "valor" de beneficios a terceros: no podemos obtener un beneficio propio sin relacionarlo con terceros. Por ejemplo, si se tiene un auto, ese auto se debió de comprar con dinero propio; el dinero de uno pasa a manos de los vendedores de autos y asi, al conseguir uno el auto, el que lo vendió también se beneficio. De manera que los beneficios, se dan por un intercambio de modelos de utilidades de valor.

EL CONCEPTO DE TRABAJAR PARA LAS COSAS

LA CONVERSIÓN HACIA EL EGOISMO

Ya se vio que todo lo que adquirimos tiende a "integrarse" y derivado de eso, aquello empieza a formar parte de nosotros: sucede que el "efecto" de lo que adquirimos nos representa, es decir, al hacer ejercicio, al tiempo somos individuos fuertes y saludables; al estudiar, individuos inteligentes; pero al tener un vicio seriamos a la larga individuos enfermos, tristes, depresivos, etc.

En la naturaleza hay una regla básica universal que se basa en que lo que no se ocupa, ya dejo de ser útil, o el costo de obtener algo es mayor a su utilidad, debe de tender a dejarse para seguir el progreso.

Cuando no sucede lo anterior y nos convertimos en individuos consumistas sin razón, sucede que todo eso que acumulamos no solo comienza a "formar" parte de nuestro ser, sino que nos comenzaría a demandar recursos para mantenerlos.

Es decir, comenzaríamos a ser individuos que cedemos (tiempo, recurso y energía) para algo externo. Comenzaríamos a ser individuos que trabajamos para "algo" y no para integrar y crecer o mejorar. Esto porque algo físico inerte como tal no tiene la capacidad de ser mejor o no, sino que al integrarlo a nosotros es donde se da el proceso de mejora o no mejora.

Sucede que cuando comenzamos a trabajar por las "cosas" entonces comenzamos a ser individuos diferentes, cuyo habito y percepción de la vida comienzan a cambiar. Dejaríamos poco a poco de ser personas que buscan la libertad, progreso , mejora, para pasar a ser individuos que practican o comienzan buscar lo contrario.

¿ Cómo una persona que deja de ser correcta, o justa, comienza a formar a ser una persona que practica los elementos contrarios a los que dejo?

¿Como podría decirse que a quien pudiera permitírselo, no le sea benéfico poseer todas sus propiedades?.

Supongamos por ejemplo el caso de que un millonario posee 300 autos (porque puede pagarlos y tener para mantenerlos). Luego podríamos preguntarnos: ¿ cuantas veces podría usar un carro para su uso personal?.

Se pueden tener 300 autos, pero, ¿qué representa esto en realidad?.
Si uno decide usar un auto al día y comienza con el primero, tardaría 299 días mas para llegar a usar el auto 300; de manera que cada auto, de 300 días, solo tendrá una utilidad de 1 día. Como punto dos obsérvese que en la casa donde uno vive, uno puede tener espacio para una determinada cantidad de autos; así una persona de economía media su casa le permitirá tener espacio en su hogar como para 3, quizá 4 autos; una persona mas acaudalada tendría mas espacio.

Refiriéndose a una cantidad de 300 autos , requerirá de un espacio total exclusivo para tenerlos, así como toda la infraestructura necesaria para que siempre estén disponibles, es decir, gente que los este cuidando, limpiando, dándoles mantenimiento constante, etc.

De manera que ya se ve que tener en exceso algo, implica que aquello que se "posea", demandara tener cierta "independencia" en tiempo y espacio de lo que nosotros como personas individuales podemos tener cerca de nosotros.
Es decir, podemos vivir cómodamente en una casa, la cual habitaremos gran parte de nuestra vida (donde comemos, dormimos, etc), y es en ese espacio de la casa donde todo lo que poseamos en ella nos será útil directamente. Uno puede ir a la cocina y allí tomar la cafetera, un vaso, hacer uso de la vajilla, etc. Todo estaría al alcance de uno.

Pero vivir en una casa, y luego tener que trasladarse a otra parte mas lejana para hacer uso de un recurso cambia la situación. Las cosas entones estarían disponibles a distancia y demandaran mas tiempo y recursos para su uso.

Si uno tiene los recursos necesarios ¿ en que perjudica tener algo, cuando se puede tener?

El detalle esta en que los recursos que se tienen (en este caso el dinero,) no se usan de la manera mas eficiente y se tienden a desperdiciar.

En la vida misma hay una regla que tiende a definir toda estructura: el concepto del máximo beneficio , utilidad posible y tendencia al progreso.

También hay otra: como todo esta conectado, todo tiende que tender a un equilibrio, y el equilibrio es un proceso que tiende a la estandarización de las cosas; de manera que para que a uno le valla bien en la vida debe de hacer bien en esta, por lo cual si uno progresa, a los alrededores, lo normal seria que también tenga a progresar.

Si a un individuo en la vida le va bien y a su alrededor todo esta extremadamente mal, hay un desequilibrio.

Tener mucho dinero y propiedades es cierto que es un sinónimo de progreso, pero no todo progreso le pertenece a uno, ya que en el progreso mismo de uno existe muchos elementos que trabajan para que las cosas asi sean.

Suponer que uno es médico; si es el único en una zona y luego hay enfermos, es obvio que si no decide actuar, estaríamos dejando morir a la gente cuando esta la posibilidad de que no sea asi. ¿que podríamos decir de esto?.

Siendo el medico, con su habilidad el podría ayudar a esa gente; pero si decide no hacerlo, es "formar" parte del proceso de la muerte de aquellos individuos.

Si el medico decide atender a las personas, entones aquellas se "benefician" de la habilidad del medico, y con esto se generaliza poco a poco un progreso, porque las personas que son atendidas y salvadas por el medico, también tienden a ser agradecidas con el

Es decir, la riqueza, abundancia, dotes y habilidades, deben de servir a un bien común; deben emplearse en beneficio del ambiente que rodea sobre aquellos menos favorecidos; en caso contrario, la abundancia, riqueza y habilidades concentradas y restringidas en unos cuantos, tiende a reducir la capacidad "generalizada" de que todo el sistema mejore en su conjunto.

La acumulación excesiva de bienes tiene el detalle de que después de una determinada cantidad , estos bienes exigen más costo del beneficio de tenerlos, esto ya implica un desperdicio o gasto mal empleado; como segundo punto tenemos que su acumulación excesiva impide que el dinero que se emplea en mantenerlos se pueda usar en algo mas benéfico o útil, de forma que se restringe la posibilidad a terceros de "acceder" a tal beneficio.

Lo anterior no es una critica a la capacidad de ser rico o poseer riquezas en exceso, sino que al igual que el medico tiene obligación de curar, o el maestro de enseñar, el rico debe de trabajar en el bien de los demás.

¿Porque cree uno que existe la tendencia a la filantropía?, porque la misma ley de la vida es algo que lo exige. La mayoría de los ricos tienden a ser filantrópicos, porque esta en la naturaleza humana esta tendencia, y de esta manera se "supone" pueden estas personas decir que cumplen con su obligación (llamémosle moral), de la misma manera que el medico cura y el maestro enseña.

El que alguien con riqueza sea filantrópico o invierta una parte de su dinero en esta causa, no es, contrario a lo que parece, un acto nacido propio de su voluntad, un acto de fe; o de condición propia inventada por el mismo individuo; ni tampoco es un acto de caridad: es un acto de obligación, es decir, esta obligado a hacerlo por una cuestión moral atribuida a la condición natural de las cosas.

Le guste o no al individuo que ejerce la filantropía, no puede negarse de realizar este acto, como mínima condición establecida para poder justificar su fortuna; esta en los genes, es un instinto asociado al ser, como muchos otros; no puede simplemente no ejercer ese acto, asi como no se puede dejar de amar u odiar, según la elección que se decida.

Sin embargo, la filantropía solo es el requisito mínimo para justificar algo, equivalente a que un estudiante que como mínimo tenga que trasladarse para ir a la escuela a estudiar. Si quiere el joven ser estudiante, como mínimo tendrá que trasladarse a la escuela, o asistir a algún curso, pero no significa ni garantiza que se pueda llegar a la meta; lo mismo la filantropía: la filantropía por si misma no es sinónimo ni garantía real de un modelo de generar el bienestar a los demás, es solo la obligación mínima requerida para estar en el acto o proceso de algo.

EL ENGAÑO DE LA RIQUEZA EXCESIVA, UN VICIO COMO CUALQUIER OTRO

¿ Se debe de trabajar para ser rico o mantener riquezas; o para tener y mantener un progreso generalizado?

Aquel millonario que solo trabaja para acumular más dinero, bienes materiales en abundancia y constancia cada vez, tendríamos que cada vez, estaría trabajando para mantener y sostener solo ese estilo de vida y recursos que se posee; no se estaría trabajando para ofrecer un bien, servicio o beneficio a los demás; lejos de importar lo que a terceros se les ofrezca, se comenzara en trabajar para ver, que de lo que los demás tienen, uno puede hacerse de ello (como ofrecerles algo inútil y mas barato posible, para obtener la mayor utilidad y beneficio personal). ¿Se nota la diferencia?

De manera que se estaría trabajando en un modelo despilfarrador de tiempo, recursos y energía en algo; por lo tanto estaría restringiendo mas y cada vez mas la capacidad real de generar un progreso generalizado en favor de los demás; lo que se desperdicia no se deja aprovechar a los demás de su uso, y debido a que tiene un costo en recursos establecer aquel modelo despilfarrador entonces también esos recursos son restringidos a terceros.

Ahora bien , entones ¿cual es el beneficio real de ser rico por serlo cuando ya se vio que se tiende al desperdicio y restringir el progreso real a los demás.?

Sucede que al igual que un vicio, la riqueza excesiva tiende también a producir placer; e igual que los vicios el placer es intenso y agradable al inicio, aunque con el tiempo parece ser que algo no anda bien.

Cuando en un vicio, uno entra a la etapa de que algo no anda bien, tiende a desesperarse e intentar incrementar la dosis. ¿Por qué?: Una para quitar la sensación de sufrimiento o estrés , la otra porque se quiere volver a tener la sensación de placer.

Por eso los vicios son muy peligrosos, porque después de cierta etapa, si no se controlan , generan en las personas estados compulsivos relacionados con la "adquisición", sin saber que a cada etapa mayor de progreso del estado del vicio , estos en ves de dar quitan .

En el caso del alcohol o drogas, acortan la vida; en el caso de tener dinero por tener, tiende a "quitar" a los demás para beneficio exclusivo personal, tendiendo a ahogar en el mas puro egoísmo y estado banal de la condición humana a quien lo practica.

Elementos asociados a la identidad

LOS CÓDIGOS

La identificación no puede explicarse sino mediante una asociación de "códigos". Los códigos son los patrones que determinan una estructura y todo; lo que actualmente conocemos y vemos que somos son conceptos estructurados. Las estructuras no son una unidad viva, pero determina el curso de actuar de lo vivo.

Independientemente del dilema moral o no, de quien hizo los códigos, como se crearon o quien los creo, tenemos que la "naturaleza" misma obliga un estado de "cumplimiento" de normas o códigos.

Las cosas debemos seguirlas como una "guía", porque es lo que define y da resultados. Hay reglas de los hijos a los padres; reglas en las aulas escolares; reglas en las tiendas de compras; reglas que los mandatarios dirigentes de un país o región deben seguir; reglas del departamento policiaco, judicial; reglas que siguen los empresarios exitosos, y así infinidad de casos.

REGLAS

¿Las reglas no sujetan a un estado de sumisión?

Seguir reglas es un estado que nos lleva a algo, de manera que las reglas permiten direccionar, poner orden o dirección a las cosas.

Seguimos una regla porque estamos obligados a ella, pero estamos también "codificados "para tener un libre albedrio de aceptarlas o no. Sin embargo, si cada individuo se pusiese hacer lo que quiera, habría un caos, y al final no se llegaría a ningún resultado.

Entre las "infinitas" posibilidades que tengamos para actuar, es cierto que las reglas tienden a restringir para que actuemos solo en base a ciertos patrones de conducta; pero esa restricción tiende después a facilitar o potenciar los efectos de que al tomar o realizar solo una forma de hacer las cosas, sea esta la más eficiente para lograr algo

Sucede que si las personas llegan a cumplir sus objetivos, tienen la capacidad de ser mejores y crecer; entonces al final las reglas, permiten desarrollar al individuo.

DISCIPLINA

La "disciplina", puede verse como un concepto que nos brinda las herramientas para un desarrollo de identidad y mejor desarrollo de nuestra existencia. La disciplina es la condición

¿Existe un concepto de disciplina asociada a diferentes ideologías? .

Toda ideología necesita un camino a seguir, y se logra por un proceso disciplinado de reglas que conducen a eso; pero no podemos decir que, porque cada ideología es distinta se requiere por lo tanto muchas disciplinas.

Es decir, cada ideología podrá requerir diferentes métodos de acción para lograr su alcance, y la disciplina es la forma del camino que le brinda llegar a el; la disciplina no es el método que cada ideología requiere para alcanzar su objetivo, es la condición, y esta es lo mismo para todo proceso ideológico establecido.

LA INTENCIÓN Y EL CONOCIMIENTO ASOCIADO

El compromiso está ligado a la identidad, y solo aquello que puede identificarse a su vez puede comunicarse; no puede existir comunicación entre aquello que no se identifica con algo.

Para que halla e comunicación con semejantes es necesario entenderse, y para esto se requiere de conocerse. Por lo tanto algo no puede comprometerse sin conocimiento: la comunicación implica conocer, conocer para entender y comunicarse; derivado de esto es posible interactuar en beneficio mutuo, porque eso precisamente es la comunicación: un proceso con tendencia a un beneficio mutuo.

A partir de lo anterior es posible ya comenzar a entender procesos en los que se actúa (se hace algo), y que representa eso; esto es fácil de ver en los actores de películas: estos actúan en un papel y transmiten la "esencia" del personaje; aunque en la vida real el actor no sea lo que represente en la película, el actor "comunica" o transmite aquella esencia que desea que el espectador vea; el espectador recibe ese mensaje, y este al ser de su agrado, permanece "voluntario" en la expectativa de seguir viéndolo; es decir, hay una comunicación.

Este tipo de comunicación se da en muchos aspectos de nuestras vidas, como por ejemplo cuando un joven enamorado le da una rosa a su prometida: la rosa en si misma podría no significar nada si el joven que la da no estuviera enamorado; sin embargo la rosa que fue entregada con "pasión y amor" lleva escrita en ella el mensaje de amor del joven, por eso la rosa, en la prometida se convierte algo especial, que la diferencia de otras muchas rosas.

Nuestros actos llevan un reflejo de una "intención" que tiende a corroborar o no la razón de nuestros actos.

EL HORIZONTE ESTABLECIDO

Una ves que un individuo se acostumbra a "algo" por un concepto disciplinado o alguna condición que lo llevo a tal estado, tiende a hacer propio aquello que adquirió derivado de seguir tal disciplina, , y al mismo tiempo también, se adapta a condiciones propias de lo que se ha "adquirido".

Por ejemplo, una persona que quiera ser deportista, se aplica en una disciplina del deporte. Después de un tiempo determinado, debido a las reglas deportivas que siguió, su organismo cambia: su estado físico es más fuerte; sus músculos se hacen resistentes; su manera de alimentarse también se modificó; cambia su estilo de vestir, y tiende asociarse con personas mas acordes a su disciplina. La misma asociación entre gente del deporte lo obliga a seguir y reforzar mas las reglas mismas del deporte.

Cuando alguien determina lo que es y se diferencia de todo lo demás, eso es lo que define y da identidad. La identidad por lo tanto dice quien es cada uno y es lo que permite que exista comunicación, porque las cosas se comunican, basándose en la posición de lo que son.

LA UTILIDAD

Se puede enseñar un idioma especifico de hablar o una religión, sin embargo no heredamos en si, biológicamente o fisiológicamente, el idioma español o ingles: tenemos la capacidad de hablar los idiomas o religiones aprendidos por nuestros antepasados, o según el medio en que nos desarrollemos.

Tenemos un concepto de herencia basada en la fisiología o biología directamente, y en la cuestión externa asociada a un concepto que podríamos definir como antropológico. Adaptamos nuestra forma de ser de acuerdo a circunstancias del medio y la estructura cultural que se halla establecido en un tiempo determinado.

La adaptación permite que interactuemos con el medio externo de una manera en la que como organismos o seres vivos podamos a aprovechar mejor las circunstancias y minimizar peligros, esto para poder lograr objetivos

Es muy importante mencionar estos conceptos, porque todo ser vivo, esta diseñado biológicamente, de acuerdo a su orden o estructura evolutiva, de la mejor manera posible para ser lo mas eficiente en su actuar, y llegar a un objetivo o meta.

Es difícil determinar los objetivos o metas de algún animal o planta; pero en el caso del ser humano, no podemos negar que en algún momento de nuestras vidas, sentimos la necesidad mas allá de solo ser útil, y se busca un deseo de realización.

Cada individuo en lo personal tendrá su deseo o estado de realización, y este no es mas que un objetivo. Resulta que como seres humanos, nuestro organismo esta diseñado para que podamos conseguir y realizar los objetivos que nos dispongamos, y de esta forma, podemos determinar que la adaptabilidad, es un recurso o herramienta que poseemos, que nos permite poder alcanzar objetivos.

Si el ser humano no se plantea objetivos que sean propios, encontraría un conflicto con su ser interno, ya que entraría en una contradicción con su existencia.

El organismo o cuerpo, al estar diseñado para ser útil y cumplir los propósitos sobre lo que se proponga, si no se "trabaja" o se "usa" en función para lo que fue "diseñado", resulta que su existencia habría sido en vano; ya que si algo ha sido diseñado para una función, esa misma debe de establecerse.

Si se cumple la función, se habrá cumplido el modelo de utilidad: algo se diseña desde el principio con una función de utilidad; si de forma voluntaria no se acata el principio de que a algo útil se le de el uso para el que fue destinado, es un atentado contra la existencia misma; y tenemos que la voluntad es algo propio también de la existencia del ser.

Por lo tanto se puede decir que la existencia del ser esta sujeta a su identidad, objetivo y voluntad.

LA OTRA NECESIDAD DE LA UTILIDAD: LA MEJORA CONTINUA

Es un rasgo de la naturaleza humana y de la vida en general, la tendencia a la mejora continua.

Con el tiempo todo ser adulto se vuelve mas "reservado" y precavido al actuar, y los jóvenes, debido a su capacidad y energía son mas propensos a experimentar cambios.

Son los cambios los que permiten la continuidad de las cosas, la existencia continua a través del tiempo. Como somos seres existentes, por inercia tendemos a estar en constante cambio, por eso siempre el deseo de ser mejores, ya que este estado es lo que nos "conecta" con la existencia misma de las cosas.

Un joven tiene un rango de libre albedrio mayor que en un adulto, lo que le da mas capacidad de hacer cosas. Pero también los adultos no por ser viejos se estancan, y si lo hacen , se ha encontrado pruebas de su decadencia como personas , de manera que se vuelven mas "inútiles" por decirlo de algún modo; es de saber que por "naturaleza," lo útil se preserva mas tiempo y tiende a cuidarse, y lo poco útil o no útil es desplazado y rechazado.

De esta manera tenemos varios puntos, uno en el que los jóvenes al educarlos en un estado disciplinado, si estos no se reservan el derecho de la cultura constante su libre albedrío o forma de actuar se ve reducido.

La gente ya grande o vieja, es cierto que sus posibilidades físicas se van limitando, pero en su ser conservan un gran acervo de experiencia y conocimiento de utilidad que siempre van a requerir los mas jóvenes; lo que los individuos al volverse grandes y perder su habilidad física, deben de compensar esa reducción con aportar mas a los demás, y de esta manera seguir conservando su posición para no ser considerados un estorbo a los demás, o ser algo inútil, y que a "ojos" de la naturaleza, sea algo por descartar.

Sobre el Trabajo

"Si trabajamos solo en buscar nuestra felicidad, en el fondo encontraremos desgracia; si trabajamos solo en satisfacer a los demás, la felicidad escapara por la puerta de nuestro hogar".

EL ORIGEN Y LA RAZÓN DE TRABAJAR

Religión, arte, ciencia, espiritualidad; bienestar, armonía, equilibrio, mejora: la esencia de detrás del trabajo.

A lo largo de toda la historia de la humanidad no ha habido modelo cultural que no halla adoptado el concepto de la religión, el arte, y el desarrollo de la ciencia; a su vez ha existido también a lo largo del tiempo en toda sociedad, el concepto denominado espiritualidad.

La religión y la espiritualidad se complementan. La espiritualidad ha sido algo con lo que siempre se ha representado la esencia del ser; la religión, es un modelo institucional, que engloba principios y códigos de conducta que tienen como objetivo regir la vida del individuo; parte de modelos espirituales así como la creencia en Dios o una estructura Divina.

La esencia espiritual es la que nos dice que como seres que somos, nos comunicamos con el universo y la naturaleza, no solo físicamente, sino como esencia, porque se es parte de todo lo existente.

La ciencia ha buscado a través del conocimiento entender a la naturaleza, y en el proceso se ha estructurado un modelo tecnológico que la imita . Este modelo lo que hace, es utilizar recursos propios del ambiente, transformarlos y darles un uso a nuestro beneficio.

Es decir, el desarrollo tecnológico, tiende a imitar o ser un reflejo de la esencia misma de la naturaleza, utilizando a la ciencia para lograr sus objetivos.

La ciencia y el desarrollo tecnológico son elementos aparte, lo mismo que la espiritualidad y la religión; sin embargo difícilmente se encuentran separados.

Somos seres espirituales, porque la espiritualidad es algo ligado a la existencia misma; somos seres con tendencia a ser religiosos, porque la religiosidad es parte de la existencia como humanos.

Tanto la espiritualidad como la religión buscan los mismos principios: bienestar, armonía, equilibrio y un proceso de mejora; pero a su vez tienen una gran contradicción, ya que la espiritualidad, como es un concepto ligado a un "todo", los principios mencionados están ligados precisamente a la armonía "universal"; sin embargo el modelo religioso, al ser propio del ser humano, pretende primero el bienestar al propio ser, es decir, al individuo mismo, y partiendo de la búsqueda del progreso del individuo, se extiende por "añadidura", el beneficio a lo demás.

Del concepto del beneficio nace la condición del trabajo, ya que no es posible obtener un beneficio sin un trabajo: se tiene que "trabajar" para mejorar y progresar. De lo anterior entonces podemos ver que trabajar es un estado que induce cambios, cambios que se tienen que crear para establecer beneficios; por lo tanto un trabajo debe como estado final u objetivo generar beneficios; primeramente para el que realiza el trabajo; y ya que todo en el universo presente esta relacionado, entonces el trabajo a su vez debe ser un modelo en el que favoreciéndose o beneficiándose uno como individuo, se beneficie todo aquello que dependa directa o indirectamente de uno mismo.

LA ESENCIA DETRÁS DEL TRABAJO.

Todo objetivo de trabajo parte de que se busca llegar a algo o alguna meta, es decir se trabaja para obtener lo que se desea o quiere. Sin embargo, parece existir dos modelos de estructura en relación al trabajo.

Cuando uno quiere por ejemplo ser musico o atleta, resulta que entre mas se esfuerce por tocar el instrumento o se ejercite, se va obteniendo un resultado y progresando, es decir, se va acercando uno poco a poco al objetivo.

Alcanzar el objetivo requiere un esfuerzo medido en unidad de tiempo y energía (lo que es e implica un trabajo).

Podemos decir que el tiempo y energía enfocado a un "ideal", hace que ese ideal se valla realizando. Este es un tipo de trabajo, el que "materializa" ideales: un sueño u objetivo no requiere mas que nos esforcemos y trabajemos en el. Sucede que el esfuerzo dedicado al ideal o sueño, es un proceso de "intercambio" existente solo entre lo que se desea y el individuo.

Sucede que el mundo físico requiere que se le dedique tiempo y esfuerzo: se debe de trabajar a favor de lo existente, porque precisamente de lo existente, es de donde nos beneficiamos u obtenemos los recursos o favores para alcanzar los ideales

EL CONCEPTO DEL EQUILIBRIO

Véase que como organismos que somos, aunque el ambiente cambie, nuestro interior siempre tiende al equilibrio: como un ejemplo tomemos las temperaturas externas que pueden ser desde debajo de cero grados centígrados, hasta arriba de cuarenta grados, y el interior de nuestro organismo se mantiene a temperatura estable (prom de 37). Ocurren en nuestro organismo numerosas acciones para mantener este equilibrio, así como muchos otros.

Sucede que tales equilibrios nos brindan un estado óptimo de ser, y para mantenerlo se requiere energía. Es decir, para mantener un estado de equilibrio, mejora y comodidad en todos los ámbitos de nuestra vida, uno como ser, tiene que esforzarse por que así sea, y parte de este esfuerzo se establece en el "dar".

La naturaleza y el universo presente se pueden definir como parte de un todo, y también en el modelo natural y universal ocurren elementos que tienden a definir el que las cosas se den de una determinada manera, por lo que también hay mecanismos que inducen a establecer el equilibrio natural de las cosas.

El ser humano es parte de la naturaleza y universo presente, y también como tal, le corresponden ciertas "obligaciones" que debe acatar para mantener parte del equilibrio.

Cuando a la naturaleza que nos rodea no le "brindamos",damos", o devolvemos aquello necesario para mantener el equilibrio que nos brinda. comodidad, comienza haber problemas. El detalles es que se confunde muchas veces el concepto de "dar", porque este concepto no significa precisamente dar por dar, sino que comprendiendo algo podemos establecer el "dar"

El esfuerzo en algo puede revalorizarse como un modelo "energético", y si todo ese "potencial" de concepto energético se enfoca solo en atender a un solo tipo de obligación, como el trabajar por "trabajar", se "esfuman" entonces los recursos para trabajar en otros asuntos de nuestras vidas.

Atender toda nuestra atención solo en valorizar un solo concepto en la vida como el trabajo, puede también interpretarse como ceder "energía" hacia aquello que le damos ese "exceso" de atención o valoración. Es decir, se debe valorizar el objetivo en si, no precisamente el método.

Encontrarse con el bienestar de uno mismo no es tan simple como pareciese. Como estamos en un modelo de ambiente de reglas, no podemos decidir hacer lo que queramos cuando así lo deseemos, sino que ajustamos nuestros deseos de acuerdo las normas que sujeta nuestra manera de actuar.

LA DEUDA, BASE DEL MODELO DEL TRABAJO Y LO QUE UNE TODO

El dinero mismo, sobre el que gira todo nuestro modelo de actuar de la sociedad del cual no podemos deslindarnos, se produce como base en sus inicios,como un modelo de explotación de recursos del medio ejercido por modelos empresariales. Por lo cual, el solo poseer dinero que usamos en nuestro beneficio, genera, una especie de "deuda" que nos adjudicamos (queramos o no) hacia, la naturaleza.

Las empresas toman recursos " prestados" del ambiente para producir, y la misma empresa obtiene beneficios propios para ella, esto por contratar trabajadores y vender sus productos a otras personas.

Por lo tanto, trabajar solo por obtener dinero, tiende a "desvirtuar" o confundir la razón de los verdaderos objetivos a perseguir y realizar en la vida. Lo anterior porque, trabajar para "alguien" o para una empresa, o por el valor del dinero, solo beneficia al empresario.

Si por trabajar para una empresa, ya se obtuvo dinero, se debe de aprovechar este para que sea el medio para alcanzar objetivos individuales y para tratar de alguna manera, generar un beneficio al ambiente.

El hecho de trabajar a una empresa, este acto le obliga, (en otras palabras), a que se comprometa con el trabajador, porque este aporta su tiempo y energía a sus objetivos; luego la empresa cumple sus objetivos, y regresa el favor al trabajador en forma de sueldo.

PORQUE SON IMPORTANTES LOS OBJETIVOS

SOBRE LOS OBJETIVOS EMPRESARIALES Y LOS INDIVIDUALES

Vemos de esta manera que la relación individuo- empresa, no es precisamente una relación en beneficio del trabajador o del ambiente.

Sucede que el beneficio real sobre un objetivo se basa en relación al tiempo y energía que se le disponga a tal objetivo; y el objetivo de la empresa, nunca es el objetivo de la vida del individuo. Aunque suceden casos en los que el individuo puede forjarse como objetivo, sueño o ideal de su vida ser un trabajador, o parte de una empresa, como el objetivo final de una empresa siempre será enfocado a las utilidades y disfrute propio de los dueños de dichas utilidades, no estará por lo tanto en el interés final del dueño o la empresa, que el trabajador disfrute de sus bienes, sino que sus empleados "trabajen" para producirles un beneficio a ellos, y esto es incompatible con la individualidad y desarrollo propio del mismo individuo. Por eso el concepto de trabajo debe de partir sobre la base de que es lo que se "cede" (calidad de tiempo y energía); quien se beneficia; que beneficio obtiene uno; y de que manera se devuelve el favor a la naturaleza; debido al hecho de que al perseguir el sueño o ideal , se estén tomando "prestado" del ambiente, recursos para que este sea posible.

El trabajo en el yo, enfocado a entender lo que nos rodea, hace que nuestras actividades nos fortalezcan, sean estas para un beneficio personal y con tendencia a compartir el bienestar a terceros.

En un estado de vida donde la población vive estresada y preocupada, sucede que el trabajo no necesariamente pertenece a los individuos: no se trabaja ya realmente para ser mejores, sino como una necesidad forzada; es cierto que el trabajo es una obligación, pero el resultado del esfuerzo del trabajo debe de brindarnos mejoras mayores a los problemas o desgastes que acarrea.

La esencia espiritual, que poseemos por el hecho de ser seres vivientes, es lo que nos dicta que debemos de estar en equilibrio con uno mismo, pero para eso, es necesario, estar a su vez en paz y armonía con la naturaleza misma, porque también somos parte de ella. Este modelo es el que nos impulsa a ser agradecidos, y el ser agradecido, basa su razón de ser en la redistribución; es decir, en procurar el beneficio sobre lo que nos rodea, porque en el fondo eso que nos rodea es también parte de lo que somos. Pero para todo lo anterior se requiere conocimiento, entendimiento, por eso la ciencia ha ido siempre de la mano del modelo espiritual, y religioso.

EL CONCEPTO DE LA INTEGRACIÓN

Nadie es indispensable en esta vida, ¿será cierto? ; ¿cuál sería entonces la razón de estar sin ser parte de algo, ya que al no ser indispensable en algo, ciertamente se afirma que nuestra existencia es ser indiferente.
Como seres humanos que somos nos aferramos a un sistema de creencias, a una ideología, a un sistema religioso, ¿que es entonces pertenecer a algo sin un sentido de identidad?

LA INTEGRACIÓN SUJETA A LA RECIPROCIDAD

En el concepto de integridad, hay una especie de ley que indica que al todos estar unidos, se comparten beneficios derivado de tal unión, y además existe una reciprocidad de acciones

Desde el punto de vista espiritual, de conciencia, o religioso, existe un concepto denominado o aceptado por lo tres puntos como Karma.

La ley del Karma puede reducirse a que todo lo que hagamos en la vida tiene consecuencias, y que tarde o temprano nos alcanzara el resultado de nuestras acciones.

Desde el punto de vista técnico o científico existe una ley de acción y reacción. Si una persona golpea a un individuo, es lógico que el que recibió la ofensa tenga a devolverla; si no puede devolver en el momento quizá se guarde el rencor, y cuando pueda no dudara en vengar aquella ofensa. En el caso anterior sucede que el tiempo de respuesta de las acciones pueden ser largas (llegando a llevar generaciones en cumplirse)

A veces como individuos vamos por la vida acumulando un conjunto de malas acciones y parecería que no pasa nada. Sin embargo luego ocurre que tal individuo en cierta etapa de su vida pasa por periodos "duros" o difíciles , y sucede que lo mas sencillo es terminar por establecer que la "vida" es dura, que es difícil, que pone dificultades y que así son las cosas.

Lo anterior expuesto es un ejemplo de conceptos de reciprocidad, pero no es posible entender la reciprocidad misma, sin un estado de valor.

Como individuos somos elementos de valor: siempre tendemos aportar algo; al trabajar aportamos, y como trabajar involucra tiempo y energía, entonces nuestra vida puede ser medida como un concepto de valor.

ESTADO DE VALOR

Cuando algo o alguien adquiere un estatus de valor, las cosas cambian , porque el resultado de las diferencias de valor son intercambiables, genera resultados y utilidades.

La condición se complica porque los resultados y utilidades tienen que ser administradas (para que todo funcione), y como todo forma un conjunto, entonces la administración del "todo" debe de ser por ende en beneficio de la mayoría.

VALOR ASOCIADO A COMPARTIR BENEFICIOS Y EL ESTADO DE PERTENENCIA

Considérese una región y que los habitantes pagan impuestos. Los impuestos los toman los lideres gobernantes; una parte es para su persona (ya que es trabajo organizar las cosas), y otra parte se usa para distribuir en obras en beneficio de los mismos contribuyentes.

Suponer que parte de los impuestos se usan para que la región tenga parques de recreación en muy buen estado. Esto quiere decir que aquellos parques en buen estado les pertenece a los individuos, y estos pueden hacer uso de el.

Quizá como individuos jamás pudiesen por su cuenta propia tener esos parques, pero una especie de unión o integración (la de sus utilidades , es decir el valor del impuesto) hace posible aquello.

La reciprocidad se ve claramente: individuos pagan impuestos, y sus impuestos se ven reflejado en algo (en este caso parques). Por lo tanto podría decirse que el parque le pertenece , porque sus impuestos lo hicieron posible.

Aquí sucede algo interesante: la reciprocidad es una condición que obliga, cede derechos u obligaciones hacia la condición inicial. Es decir, el gobierno recibe impuestos, pero adquiere la obligación de reinvertirlos en favor de sus dueños originales. ¿ qué sucedería si no ocurriese así?.

La integración no puede existir sin reciprocidad y al haber un modelo así sucede que todo es su conjunto se establece un "sistema".

Tenemos que un modelo de sistema no puede existir sin un modelo de avance, es decir de mejora. Basta echar u vistazo a la biología básica: los sistemas están para ejercer una función en la que todos están integrados y todos los elementos se benefician.

En el modelo económico social tenemos que como los individuos pagan impuestos, estos se integran en un gran capital, y de esta manera un gobernador hace uso de estos en obras de beneficio a la comunidad.

EL PROCESO DE EQUILIBRIO EXPANSIVO:

AL COMPARTIR BENEFICIOS DE EXPANDE EL SISTEMA

En un modelo de reciprocidad de beneficios podemos denominarlo como un modelo circular, donde todos los elementos del sistema "recirculan" es decir, se reciclan y dan vueltas constante en un mismo plano, y a su vez este plano se expande:

Proceso de expansión

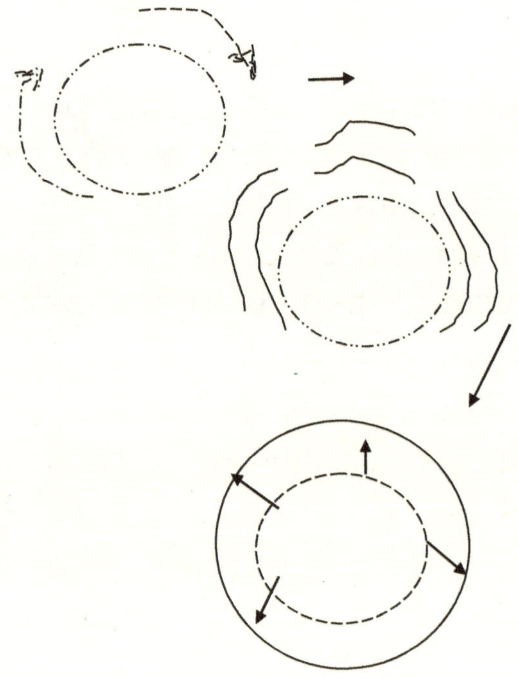

Para que un determinado grupo social crezca, es necesario que sus individuos en lo personal, no solo tengan objetivos propios de su agrado, sino que tengan los medios necesarios para conseguirlos. En el proceso de ir avanzando en lograr los objetivos individuales, cada persona tendrá un estado de bienestar, y este tendera a "despertar" interés por lo que le rodea y el querer compartir beneficios o ayudar a terceros.

Al compartir los beneficios o utilidades, comienza a existir una estandarización u homogenización de estos entre todos los integrantes de una población; esto hace que con el tiempo, todos tiendan a mejorar sus cualidades y les sea mas fácil realizar lo que hacen; de manera que se comienzan a reducir conceptos relacionados con el desperdicio, malos hábitos, malas costumbres; y es en este punto donde el modelo crece (modelo social, en este caso).

NO TODA ESTRUCTURA PERMITE UN CRECIMIENTO EQUILIBRADO Y HOMOGENIZADO

Se menciono antes el modelo social, porque hay modelos diferentes, como el institucional o el empresarial.

En el caso del empresarial, por ejemplo, después de los objetivos fijados por sus dueños (que pueden ser meramente económicos), se pueden tener patrones en lo que se trabaja para establecer un sistema laboral que les haga sentir a los trabadores estar a gusto o con un estado de bienestar, donde constantemente se remarque este modelo. Si lo anterior sucede, se crea un proceso "inercial" donde los trabajadores comienzan a procurar la empresa de manera, que por decisión propia, comienzan a reducir malos hábitos propios que a la empresa no le benefician; se genera también el hábito para solo ir a trabajar con la mejor disposición; debido a lo anterior se comienza a tener una productividad mas eficiente, que al final se traduce en mas ingresos para la empresa misma.

En este caso, los trabajadores, al sentirse cómodos o con un estado que al menos en el tiempo laboral les haga sentirse bien y olvidar sus problemas personales, procuran a la empresa, porque se supone que si a esta le va bien a ellos también. Sin embargo es necesario recalcar que este proceso es ineficiente porque en un sistema social, la estructura de compartir beneficios es mutua y tiene una dirección donde todos comparten el objetivo.

En una empresa al no ser el objetivo de esta igual al de los trabajadores, no permite, un equilibrio y homogenización de beneficios, es decir, a mayor beneficio de la empresa no hay mayor beneficio de los trabajadores, porque el beneficio de estos esta fijado a un estándar limite: su sueldo.

Si un trabajador produce mas del estándar mínimo requerido, la empresa gana mas, pero ese extra no se traduce tampoco en un extra mas al trabajador, aun aunque este se esfuerce mas; se puede incluso tener un conjunto de trabajadores que constantemente se sobre esfuercen, pero ese estado de sobreesfuerzo no será recompensado, porque para la empresa, el valor del trabajador estará dado no por su esfuerzo, sino por obligaciones impuestas basadas en un valor de trabajo asociado al tiempo del que se les disponga.

Tenemos entonces un concepto de la utilidad de "valor" asociado al objeto obtenido por el trabajo, lo que hace es que todo sea subjetivo, es decir, como producir un artículo, o dos artículos, o mil , es lo mismo en cuestión de valor atribuido al mismo artículo, entonces, no existe razón para pagar mas por un aumento de producción, porque el valor viene atribuido a la obligación misma de trabajo.

EL CONCEPTO DE CEDER

EL PELIGRO DE CEDER LA INDIVIDUALIDAD POR FALTA DE DIRECCIÓN

Si como individuos tomamos el trabajo como un objetivo de vida, el trabajo mismo nos devorara, porque no existe una razón de ser como tal; todo objetivo requiere una dirección (lo que se busca); trabajar solo por trabajar es como buscar algo sin saber que se busca o quiere, y no incorpora a su razón de ser la integridad del individuo.

Ya se vio que en el trabajo, las empresas procuran sus intereses sobre las de los individuos en si, por lo que si se ven tentadas a pagar menos por esfuerzo laboral, a exigir mas horas laborales y esfuerzo por la misma paga, y a ofrecer productos mas caros a los clientes (pudiendo hacer lo contrario), lo harán.

La empresas o negocios que ocupan gente no dejaran de existir, ocupan una función en la sociedad y el sistema mismo en general;

pero en la naturaleza misma hay un tipo de premisa que siempre parece ocurrir: el mas débil es por ley, no solo es presa fácil de los demás, sino que la debilidad misma en suficiente para atraer a los cazadores a aprovechar tal condición.

La debilidad no es buena; la ignorancia, incompetencia y dependencia son estados que reflejan conceptos de debilidad, y esta, siempre atraerá a quien quiera sacar provecho de esta.

Ceder nuestra individualidad es un estado de debilidad, es decir, pretender ser un individuo que trabaja duro, ahorra dinero, pero que luego no sabe que hacer con el, lo que hace es despertar el interés de otros hacia tal fortuna, porque si algo no nos es útil, ¿ para que tenerlo?: lo que esta en exceso y no cumple una función siempre atrae a alguien que ya tiene previsto que hacer con aquello.

Se puede decir que se cede individualidad, porque un trabajo requiere nuestro tiempo, esfuerzo y energía; estos tres elementos deben de estar "canalizados" a un objetivo, y este, al final, es lo que respaldara al individuo y le definirá; pero si lo que esta detrás del trabajo es algo que no conduce a nada, el individuo carecerá pronto de autoridad de su ser, porque no habrá dirección en su vida, y por eso se puede decir que se puede ceder individualidad.

Reconocer nuestra individualidad es darle valor y sentido a lo que somos , y lo que tenemos es parte de lo que somos, y algo solo puede ser útil si tiene una función, una función extra al concepto mismo de la obligación; es decir, tener dinero solo para pagar el alimento es bueno, pero debe de sobrar algo de este dinero para hacer otra cosa que solo comprar alimento (o ropa o pagar servicios).

Cuando de lo que tenemos o lo que somos, exportamos un concepto de utilidad o beneficio externo , crecemos y nuestra identidad también lo hace. Un equilibrio perfecto es aquel en el que todo somos una unidad y cuando algo es una unidad todo se integra, procura y crece, es decir, el crecimiento constante es una condición del equilibrio.

Todo elemento que sea débil y no encuentre su destino o identidad real a lo que pertenece (en su tiempo y situación determinada), con el tiempo será objeto fácil de ser presa por los demás, y sucede que entonces como individuos somos presa de modelos "capitalistas" que solo ven el interés real del "potencial" que somos, en base al valor de dinero de lo que podemos producir, lo que nos revalora la condición a valer en base a lo que poseemos, no lo que se es como humano, y entonces : ¿Cuánto valemos como personas?

Es decir, las "entes" capitalistas nos revalorarían como elementos que tenemos un valor monetario o la capacidad de generar una utilidad monetaria , mas que como un elemento de valor estructural, moral, espiritual, social.

Identidad

JEEMLESA @GMAIL.COM

www.ingramcontent.com/pod-product-compliance
Lightning Source LLC
LaVergne TN
LVHW041217150826
845673LV00001B/435